MW00581811

LEARN INDONESIAN WITH I

ISBN: 978-1-987949-88-9

This book is published by Bermuda Word. It has been created with specialized software that produces a three line interlinear format.

Please contact us if you would like a pdf version of this book with different font, font size, or font colors and/or less words per page!

Dear Reader and Language Learner!

You're reading the Paperback edition of Bermuda Word's interlinear and pop-up HypLern Reader App. Before you start reading Indonesian, please read this explanation of our method.

Since we want you to read Indonesian and to learn Indonesian, our method consists primarily of word-for-word literal translations, but we add idiomatic English if this helps understanding the sentence.

For example:
He, sedang   dibagi!
Hey, going on division
[Hey! They're dividing something!]

The HypLern method entails that you re-read the text until you know the high frequency words just by reading, and then mark and learn the low frequency words in your reader or practice them with our brilliant App.

Don't forget to take a look at the e-book App with integrated learning software that we offer at learn-to-read-foreign-languages.com! For more info check the last two pages of this e-book!

Thanks for your patience and enjoy the story and learning Indonesian!

Kees van den End

LEARN-TO-READ-FOREIGN-LANGUAGES.COM

DAFTAR   ISI
List   (of) Contents

4   Kantjil, Macan Dan Bayangannya

KANTJIL, MACAN DAN BAYANGANNYA
KANTJIL (THE) TIGER AND HIS MIRROR IMAGE

Dongeng binatang Indonesia tentang Kantjil yang terkenal.
(The) fairytale animal (of) Indonesia about Kantjil that famous
(of animals) (who is)

Ditengah Rawa-rawa itu terdapat tempat yang asin,
In (the) swamp there was located (a) place that salty
(In the middle of) (that was)

di mana semua binatang dalam hutan senang datang
(in) where all animal in (the) forest happy came
[all animals]

untuk menjilati, sebab mereka itu suka garam.
to lick because they that like salt
(so)

Tetapi pada suatu kali seekor macan tua menetap
But for some time a tiger old resided

di situ, dan tiap hari memangsa beberapa ekor
(in) there and each day caught several tail
[several animals

binatang, karena itu sesudah itu mereka tidak lagi
animal because (of) which after that they not again
]

berani pergi ke sana.
brave to go to there
(were brave enough) (there)

6 Kantjil, Macan Dan Bayangannya

Namun Kantjil punya akal.
But Kantjil had (an) idea

"Kemenakan," katanya pada suatu kali kepada macan,
Nephew said he at some time to (the) tiger

"bagaimana kalau tiap hari aku bawakan kamu daging
how if each day I brought you meat
(how would it be)

paha yang nikmat, jadi kamu tak perlu lagi berburu
(of the) thigh that comforts so you not need again to go hunt
[you don't need again]

sendiri?"
personally

Macan menerima usul itu, dan Kantjil pun pergi untuk
(The) tiger accepted proposal that and Kantjil then went to

mengajak salah satu binatang dan membawanya serta.
ask some animal and (to) accompany him also

7 Kantjil, Macan Dan Bayangannya

Tapi tak seekor binatang pun mau, maka sesudah tiga
But not one animal then wanted so after three

hari Kantjil pun kembali, dan hanya ditemani oleh
days Kantjil then came back and only was accompanied by

Koewis, tupai terbang yang kecil.
Kuwis (the) squirrel flying that small
(who is)

Ketika mereka sampai di depan macan, kata Kantjil:
When they came in front (of the) tiger said Kantjil

"Aku tak bisa membawa yang lain, sebab ada macan
I not could bring that other because (there) was (a) tiger
(more)

gemuk besar tua merintangi jalan. Di kepalanya
fat big old blocking (the) road On his head

bertengger Koewis, tupai terbang."
sat Kuwis (the) squirrel flying

8 Kantjil, Macan Dan Bayangannya

Macan melompat dengan berang.
(The) tiger jumped up with anger

"Kalau dia berani, dia pasti kita usir!"
If he (is so) brave he definitely we (will) chase away

Bertiga mereka pergi segera.
(The) three they went immediately

Koewis bertengger di atas kepala macam, dan Kantjil
Kuwis sitting upon (the) head (of the) tiger and Kantjil

duduk di punggungnya.
sat on his back

Ketika mereka sampai di sebuah sungai, Kantjil
When they came by a river Kantjil

menunjukkan kepada macan bayangannya di dalam air,
showed to (the) tiger his mirror image in (the) water

serunya:
(he) yelled

9 Kantjil, Macan Dan Bayangannya

"Lihat itu, lihat itu! Itulah macam gemuk besar tua
See that see that There tiger fat big old
(There is)

tadi!"
that

Plung, macan pun menceburkan diri ke air untuk
Splash (the) tiger then plunged himself into (the) water to

menyerang bayangannya sendiri. Dan ia tak pernah
attack his mirror image self And he not once

muncul kembali.
emerged to come back

TAMAT
END

KANTJIL DAN MACAN
KANTJIL   AND   (THE) TIGER

Dongeng	binatang	Indonesia	tentang	macan	yang
(The) fairytale	(of) animal	(from) Indonesia	about	(the) tiger	that

mendapat	balasan	yang	setimpal.
got	(the) reply	(that is)	appropriate

Pada	suatu	kali	seekor	macan	terperosok	dalam	jebakan.
In	some	time	a	tiger	slipped	in	(a) trap
			(seekor; article for tailed creatures)				

Seorang	manusia	lewat,	dan	macan	pun	minta	manusia
A	man	came by	and	(the) tiger	then	asked	man
(seorang; article for humans)							

itu	melepaskannya.
that	to free him

"Ya,"   kata   manusia,   "kamu   akan   saya   lepaskan,   tetapi
Yes   said   (the) man   you   will   I   release   but

kamu   harus   berjanji,   bahwa   kamu   tak   akan   berbuat
you   must   promise   that   you   not   shall   do

jahat   padaku,   kalau   sudah   bebas."
harm   to me   if   already   free
                    [when   ]

"Itu   dengan   sendirinya,"   jawab   macan.
That   with   it self   answered (the) tiger
        [of course   ]

Baru   saja   manusia   melepasnya,   macan   itu   sudah   mau
New   only   (the) man freed him   tiger   that   already wanted
[Just as   ]

menyerang   manusia.
to attack   (the) man

Manusia	memohon	macan	untuk	tenang	dan	untuk	lebih
(The) man	asked	(the) tiger	to	calm down	and	to	more [firstly]

dulu	meneliti	bagaimana	pendapat	orang-orang	lain
previously	find out	how (was)	(the) opinion	(of) people	other

tentang	persetujuan	mereka	berdua.
about	agreement	(of) they	two

Macan	menyetujuinya,	dan	mereka	pun	meneruskan
(The) tiger	agreed with him	and	they	now	continued

perjalanan	bersama.
(the) trip	together

Ketika	mereka	sampai	di	jalan	raya,	manusia	bertanya:
When	they	reached	in (to)	(the) road	major	(the) man	asked

"Jalan   yang   baik,   coba   dengarkan,   apakah   sesuai
Road   (that is)   dear   please   listen to   whether   (it is) appropriate

dengan   hukum   dan   undang-undang   untuk   membalas
with   (the) law   and   regulations   to   repay

kebaikan   dengan   kejahatan,   ataukah   hanya   harus   dibalas
goodness   with   evil   or   only   must   be repaid

dengan   kebaikan?"
with   goodness

Jalan   menjawab:
(The) road answered

"Aku   sendiri   hanya   menunjukkan   kepada   umat   manusia
I   myself   only   showed   to   gathering   man
                                                                 [mankind   ]

jasa-jasa   baikku,   tapi   aku   dibalas   dengan   keburukan,
services   good mine   but   I   was repaid   with   badness

sebab   tiap   orang   selalu   menginjak-injak   punggungku."
because   each   person   always   tramples   my back

15 Kantjil Dan Macan

Kemudian	mereka	menemui	sebatang	pohon,	dan
Afterwards	they	met	a	tree	and
			(sebatang; article for big and long objects)		

manusia	mengajukan	pertanyaan	yang	sama.
(the) man	put forward	question	that	same

Pohon	menjawab:
(The) tree	answered

"Aku	pun	hanya	berbuat	kebaikan	kepada	manusia,	tapi
I	now	only	did	goodness	to	mankind	but

mereka	membalasku	dengan	kejahatan,	sebab	mereka
they	repaid me	with	evil	because	they

memotong	ranting-rantingku	dan	menebangku."
cut	my branches	and	chopped down me

"Nah,   kamu   lihat   tidak,"   kata   macan,   dan   ia   pun
Now   you   see   not   said   (the) tiger and   he   also

kembali   akan   menyerang   manusia,   tapi   manusia   mohon
again   would   attack   (the) man   but   (the) man   begged

menanyai   satu   lagi   makhluk   hidup,   dan   mereka   pun
question   one   more   creature   living   and   they   also

menemui   Kantjil.
met   Kantjil

Manusia   mengajukan   pertanyaan   yang   sama.
(The) man   put forward   (the) question (that was) (the) same

Kantjil   menjawab:
Kantjil   answered

17 Kantjil Dan Macan

"Perkara ini harus aku periksa dengan mendasar. Mari
Case / this / must / I / check / with / thoroughness / Let

aku lihat dulu jebakan itu."
me / see / first / trap / that

Ketika mereka tiba di jebakan, Kantjil minta Macan
When / they / arrived / in (at) / (the) trap / Kantjil / asked / (The) Tiger

sekali lagi masuk ke dalamnya untuk melihat bagaimana
all / over / to enter / to / in it / to / see / how

ia terjebak.
he / was trapped

Cetrek, pintu jebakan menutup.
Flap / (the) door / (of the) trap / closed

"Begitulah,   Penjahat,"   seru   Kantjil,   "balaslah   sekarang
So   Felon   called Kantjil   repay   now

kebaikan   dengan   kejahatan!"
kindness   with   evil

Dan   seketika   itu   ia   pun   bergegas   bersama   manusia
And   instant   that   he   also   hurried   together with   (the) man

untuk   meminta   bantuan.
to   ask for   help

Nasi   sudah   menjadi   bubur   buat   si   Macan.
Rice   already   became   porridge   for   the   Tiger
[It was over   ]   (si; personal article)

19   Kantjil Dan Macan

TAMAT
END

KANTJIL DAN KURA-KURA
KANTJIL   AND   (THE) TURTLE

Kantjil	dan	kura-kura	Kelap	pada	suatu	kali	pergi
Kantjil	and	(the) turtle	Kelap	at	one	time	went

bersama-sama	mencari	makan.
together	to search	food

Di	dekat	sebuah	rumah	mereka	menemukan	sebatang
At		a	house	they	find	a

pohon	dengan	buahnya	yang	ranum-ranum.
tree	with	fruit-its (its fruit)	(that is)	very ripe

"Aku	tak	bisa	memanjat	pohon,"	kata	Kantjil,	"tapi	aku
I	not	can	climb	(the) tree	said	Kantjil	but	I

akan	menolongmu	agar	kamu	bisa	duduk	di	cabangnya."
will	help	so that	you	can	sit	on	(the) branch

Maka   didorongnya Kelap   ke   cabang   yang   terbawah.
So   pushed he   Kelap   to   (the) branch that (the) lowest
                                             (was)

Kelap   melemparkan   semua   buah   pohon   itu   ke   bawah,
Kelap   threw   all   (the) fruit (of) tree that   (to) down

tapi   kemudian   tak   tahu   ia   bagaimana   turun   kembali,
but   then   not   knows   he   how   (to go) down return

maka   ia   pun   memanggil   Kantjil   untuk   minta   tolong.
so   he   also   called   Kantjil   to   ask   help

"Ya   turunlah   semaumu!"   seru   Kantjil.
O   (go) down all you want joked   Kantjil

"Tapi   aku   tak   bisa   maju   atau   mundur!"
But   I   not   can   advance   or   (go) back

"Kalau	begitu	jatuhkan	badanmu	saja,"	kata	Kantjil
If	so	drop	your body	just	told	Kantjil

menasihati.
(as) advise

Kelap	menuruti	Kantjil,	dan	jatuhlah	ia	ke	tanah	dengan
Kelap	obeyed	Kantjil	and	fell	he	to	(the) ground	with

suara	keras.
sound	hard

Orang-orang	di	dalam	rumah	mendengar	suara	ribut	itu
(The) people	in	the	house	heard	voice	noise	that

dan	mereka	berkata:	"Ada	durian	* jatuh."
and	they	said	There	durian	falls

Kini	tibalah	giliran	membagi	perolehan	itu.
Now	came	turn (the time)	(to) divide	loot	that

"Ini untukku, dan itu untukmu!" seru Kantjil berkali-kali,
This (is) for me and that (is) for you called Kantjil many times
(one)   (one)

keras sekali.
loud very

"He," kata orang-orang di dalam rumah, "sedang dibagi!"
Hey said (the) people in the house going on division
[something is divided]

Dan mereka pun berlari ke luar untuk melihat apa
And they also ran (to) outside to see what

yang terjadi.
is going on

Kantjil segera lari membawa perolehannya, sedangkan
Kantjil immediately ran carrying his prize while
(off)

Kelap tidak cepat jalannya, jadi ia hanya merangkak
Kelap not fast (the) walk so he only crawled

secepat mungkin ke bawah daun taro ** yang lebar.
as quick as possible below (the) leaves (of the) taro so wide

25 Kantjil Dan Kura-Kura

Ketika orang-orang itu melihat bahwa bunyi tadi adalah
When people those saw that noise earlier was
[those people]]

bunyi buah-buahan yang jatuh, tentu saja mereka marah
(the) sound (of) fruits that fall of course they (were) angry

dan mencari pencurinya.
and searched (the) thief

Dengan segera mereka menangkap Kelap.
By soon they arrested Kelap

"Nah, Kawan," kata mereka, "kami akan masukkan kamu
Well Friend said they we will put you

ke dalam api!"
into the fire

"O, itu bagus untukku," jawab Kelap.
Oh that good for me responded Kelap
(that is)

"Sudah pernah itu dilakukan, tapi apa yang mereka
Already once it was done but that then they

lakukan itu tanggung. Sebelah badanku tidak merasakan
did the half (The) rest (of) my body not did feel

api."
(the) fire

"Kalau begitu, ini bukan hukuman," demikian kata
If so this no punishment thus said
(that's the case) (this is)

orang-orang itu, "kita mesti masukkan dia ke mesin
(the) people that we have to enter him into (the) machine

giling tebu."
(to) press sugarcane

"Baik," jawab Kelap, "masukkan aku ke dalam mesin
Good answered Kelap put me into the machine

giling tebu, jadi sisi lain tubuhku bisa datar juga."
(to) press sugarcane so (the) side other (of) my body can (become) flat also

"Ini juga bukan hukuman!" seru orang-orang.
This is no   punishment   called out (the) people

"Kita mesti melemparkannya ke sungai!"
We   should throw him   into (the) river

"O, jangan, jangan ke sungai, jangan!" kata Kelap
Oh no   not   into (the) stream no   said Kelap

memohon.
begging

Tapi orang-orang itu justru melemparkannya ke sungai.
But people   those really threw him   into (the) river

Kelap berenang ke tengah, dan serunya:
Kelap swam to (the) middle and he called

"Oh, ini bagus. Sekarang aku seperti di rumah sendiri!"
Oh this good Now I (am) just like at home my own
(this is)

Orang-orang itu sekarang melihat bahwa mereka terkecoh,
People these now saw that they (were) misled

dan mereka mau membalas dendam dengan meracun
and they wanted to return revenge by poisoning

air sungai dengan akar tuba *** . Tapi waktu itu
(the) water (of the) river with root (of the) tuba But (at) time this

datang kelelawar.
came by (the) bat

Ia segera terbang mendapatkan Kelap dan menyuruhnya
He immediately flew to get Kelap and told him

meninggalkan sungai.
to leave (the) river

"O, tidak, aku akan tinggal di sini," kata Kelap, tapi
Oh not I will stay here said Kelap but

ia lalu berenang ke tepi dan berendam di air yang
he then swam to (the) shore and floated half in (the) water (that is)

tenang di antara batu-batu besar.
quiet in the stones large
(between)

Tidak lama kemudian datang satu orang membawa akar
No longer then came one man taking root

tuba dan mulai melumatkannya di punggung Kelap yang
(of) tuba and started rubbing it on (the) back (of) Kelap that

dia kira batu.
he thought (was a) stone

Kelap   pelan-pelan   sekali   sedikit   demi   sedikit
Kelap   slowly   very   little   by   little

membenamkan   diri   dalam   air,   hingga   akhirnya   tuba   itu
sunk   himself   in   (the) water   so that   in the end   tuba   that

hanyut   melewati   dirinya.
drifted   past   himself

"Nah,   sudah!"   kata   orang   itu.
See   already   said   man   that

"Kalau   air   naik,   tidak   bisa   lagi   orang   meracuni   sungai
If   (the) water   rises   not   can   another   person   poison   river
                                                  (any)

ini!"
this

Dan   pergilah   semua   mereka   pulang.
And   went   all   they   home

TAMAT

* Durian adalah nama sejenis buah besar berwarna
Durian is (the) name (of the) type (of) fruit big color

kehijauan; daging buahnya putih seperti salju, dengan biji
green meat of the fruit white as snow with seed
(pulp)

hitam; baunya tak menyenangkan, tapi rasanya segar.
black smell not nice but taste fresh

** Taro adalah tanaman berumbi, yang tepungnya sangat
Taro is (a) plant (the) tubers of which (the) flour very

bergizi.
(is) nutritious

*** Akar tuba ini diserut halus dan air rebusannya
(The) root (of the) tuba this (is) thinly rasped and (in) water boiled

dituangkan ke air sungai. Berakibat membius ikan, dan
to pour into (the) water (of the) river (It) leads to (the) numbing (of the) fish a

dengan demikian mudah ditangkap.
with that easy (are) caught
[for that reason]

KECERDIKAN DJONAHA
(THE) STORY   (OF) DJONAHA

Cerita   kecerdikan   Indonesia   tentang   pelunasan   hutang
(The) story   (about) trickery   (from) Indonesia   about   paying off   debts

Pada   suatu   hari   yang   cerah   kepala   desa   Padang   pergi
At   some   day   that was   clear   head   village   went
                                        [the village   head]

ke   tempat   tinggal   Djonaha   untuk   mengingatkannya   agar
to   (the) place   (of) stay   (of) Djonaha   to   remind him   to

melunasi   hutangnya.   Ternyata   Djonaha   tidak   ada   di
settle   his debt   Evidently   Djonaha   not   was   in

rumah,   karena   itu   kepala   desa   pergi   ke   sopo   dengan
(the) house   because   (of) that   head   village   went   to   (the) sopo   with
                          [the village   head]   (communal hall)

harapan   dapat   menemuinya   di   sana.   Dan   memang,
hope   to be able   (to) meet him   in   there   And   indeed

di   sana   Djonaha   duduk   di   tengah   teman-temannya   dan
there   Djonaha   sat   between   his friends   and

ialah   yang   paling   banyak   bicara.
he was it   who   most   much   spoke

Ia bertanya kepada kepala desa kenapa ia datang, dan
He asked to head village why he came and
[the village head]

kepala desa menyatakan kepadanya bahwa Djonaha
head village said to him that Djonaha
[the village head]

masih berhutang kepadanya dua ratus bitsang, dan
still owed money to him two hundred bitsang, and
(coins)

sebelum esok hari harus sudah dibayar.
before tomorrow day must already be paid

"Saya samasekali tak ada uang," kata Djonaha terpaksa
I completely not there is money said Djonaha forced
(have)

mengaku.
to admit

"Kalau begitu beri kami makan dulu," kata kepala desa.
If (it's) like that give us food then said head village
[the village head]

"Bagus," kata Djonaha sambil melompat. "Mari kita
Good said Djonaha while (he) jumped up Come On we

makan dulu."
eat then

35 Kecerdikan Djonaha

Mereka	pun	pergi	ke	rumah	Djonaha,	dan	ibu	Djonaha
They	also	went	to	(the) house	(of) Djonaha	and	(the) mother (of) Djonaha

dengan	segera	memasak.	Sesudah	makan	kepala	desa
with	haste	cooked	After	(the) dinner	head	village
					[the village	head]

mengeluh	bahwa	dalam	makan	ia	tidak	mendapat	daging.
complained	that	in	food	he	not	encountered	meat

"Aku	sungguh	menyesali	itu,"	kata	Djonaha,	"tapi	aku
I	really	regret	that	said	Djonaha	but	I

begitu	miskin	hingga	tidak	bisa	memiliki	ayam	atau
(am) like	poor	so	not	could	have	chicken	or

babi.	Karena	itu	di	sini	juga	kita	tidak	makan	daging."
pig	Because	(of) that	in	here	also	we	not	eat	meat

Para	tamu	meninggalkan	tempat	tinggal	Djonaha	dan
The	guests	left	place	(where) stayed	Djonaha	and
(para; plural article for living creatures)						

pergi	ke	sopo	untuk	bermalam.
went	to	(the) sopo	to	spend the night
		(communal hall)		

Esok	harinya	pagi-pagi	Djonaha	sudah	membangunkan
The following day	early in the morning	Djonaha	already	woke

ibunya,	katanya:
his mother	he said

"Ibu | kemarin | sudah | mendengar, | betapa | marah | kepala
Mother | yesterday | already | (you) heard | how | angry | head [the village

desa | karena | dia | dan | para | pembantunya | tidak | disuguhi
village head] | because | he | and | the () | his servants | not | were offered

daging? | Hari | ini | kita | mesti | menyuguhinya! | Potong | tujuh
meat | Day [today | this] | we | must | offer it | Slaughter | seven

ayam | dan | panggang | di atas | pecahan | periuk. | Panaskan
chickens | and | roast (them) | on | shards | (of a) pot | Heat (them)

dalam | tungku | dan | hidangkan | di atas | pecahan periuk
in | (the) oven | and | serve (them) | on | (the) pot shards

di atas | alas | anyaman."
on | mats | woven

"Akan | kulakukan | itu, | Nak," | kata | ibunya, | dan | mulailah | ia
(I) Shall | do | that | Child | said | his mother | and | started | she

bekerja.
to work

Sementara | itu | Djonaha | pergi | ke | sopo | untuk | mengundang
While | that (happened) | Djonaha | went | to | (the) sopo (communal hall) | to | invite

kepala | desa | dan | pengiringnya | makan | hari | itu. | "Saya
head [the village | village head] | and | his escorts | to eat | day | that | I

akan | pergi | sekarang | menembak | burung | ke | hutan,"
will | go | now | to shoot | birds | to (in) | (the) forest

katanya.
he said

37 Kecerdikan Djonaha

"Dapatkah salah seorang pembantu Bapak mengawani
Could some servant (of) Sir accompany

saya?"
me

Kepala desa samasekali tidak keberatan, dan
Head village completely not objected and
[The village head]

berangkatlah Djonaha dengan sumpitannya ke hutan,
departed Djonaha with his blowpipe to (the) forest

disertai oleh seorang pembantu. Segera kemudian mereka
accompanied by a servant Immediately afterwards they

sudah menemukan sekawanan burung enggang yang
already found (a) flock (of) hornbill birds that

sedang menikmati buah ranti. Djonaha membidik seekor
were busy enjoying berries Djonaha aimed at one

dengan sumpitannya sambil berseru: "Wahai burung,
with his blowpipe while appealing Oh bird
(to it)

terbanglah engkau ke rumahku agar ibuku bisa
fly you to my house so that my mother can

memanggangmu untuk tamu-tamuku."
roast you for my guests

"Apakah engkau memang mengenai burung itu?" tanya
What you indeed hit bird that asked

pengiringnya.
his escort

"Kelihatannya   dia   terbang."
Apparently   he   flew away

"Tidak,   Kawan,"   jawab   Djonaha,   "burung   itu   sekarang
No   Friend   answered Djonaha   bird   that   now

sudah   menggelegak   di atas   pecahan   periuk."
already sizzles   on   pot shards

"Kalau   begitu   sumpitanmu   ini   sumpitan   ajaib,"   kata
If   (is) like that your blowpipe this blowpipe (is) miraculous said

pembantu   yang   tidak   termasuk   orang   yang   cerdik.
(the) servant that   not   was included with (the) people who are clever

Djonaha   menunjuk   seekor   merpati   hutan,   membidiknya,
Djonaha   pointed to   a   dove   (of the) forest aimed at him

dan   serunya: "Cepat,   wahai   burung,   terbanglah   ke   ibuku
and   he yelled   Quick   oh   bird   fly   to   my mother

dan   berpangganglah."   Pembantu   itu   mengangakan   mulutnya
and   be roasted   Servant   that opened wide   his mouth

karena   heran   melihat   burung   merpati   itu   terbang   ke
because   surprised saw   bird   dove   that fly   to

arah   rumah   Djonaha.
(the) direction (of the) house (of) Djonaha

39 Kecerdikan Djonaha

Lima — kali — lagi — berturut-turut — Djonaha — menembak — burung
Five — times — again — successively — Djonaha — shot — birds

dengan — cara — itu, — kemudian — mereka — kembali — ke — sopo.
with — method — that — afterwards — they — came back — to — (the) communal hall

Pembantu — itu — tak — sampai — selesai — bicara — mengenai
Servant — that — not — to [endlessly] — ending — spoke — concerning

ketepatan — Djonaha — yang — mengagumkan — dalam — menembak
(the) accuracy — (of) Djonaha — so — astonishing — in — shot

sasaran, — karena — Djonaha — sudah — pulang — untuk — membantu
(the) target — because of — Djonaha — already — went home — to — help

ibunya — mempersiapkan — santapan. — Ketika — segalanya — sudah
his mother — prepare — (the) meal — When — all of it — already

siap, — ia — pun — menjemput — para — tamunya.
was ready — he — also — picked up — the — his guests

"Kawan-kawan," — katanya, — "saya — harap — apa — yang — sudah
Friends — he said — I — hope — what (which) — that — already

saya — tembak — hari — ini — dapat — kawan-kawan — nikmati."
I — shot — today — can — (you my) friends — enjoy

Harus dikatakan bahwa semua tamu menikmati hidangan
(It) must be said that all guests enjoyed serving

itu. Burung panggang di atas pecahan periuk terasa
that (The) birds roasted on (the) fragments (of the) pot tasted

enak sekali, dan kerucut nasi serta berbagai jenis
delicious very much and (the) cones (of) rice as well as various kinds

sayur pun dibicarakan dengan hebat. Sesudah makan,
(of) vegetables also were judged with greatness After dinner

kepala desa mengucapkan terima kasih dan menyatakan
(the) head (of the) village said receive love and spoke out
[thanks]

puas.
satisfaction

"Tetapi," katanya segera sesudah itu, "jangan lupa,
But he said immediately after that not forget

Djonaha yang baik, bahwa kamu masih berhutang
Djonaha so dear that you still owe money
[Dear Djonaha]

padaku dua ratus bitsang. Tapi aku ingin membebaskan
to me two hundred bitsang but I want to release

kamu dari hutangmu, asalkan sumpitanmu kamu serahkan
you from your debt provided that your blowpipe you hand over

padaku."
to me

41   Kecerdikan Djonaha

"O,   tidak,   Bapak,"   kata   Djonaha,   "itu   tidak   mungkin.
O   no   Sir   said   Djonaha   that   not   (is) possible

Dengan   sumpitan   itu   saya   bisa   mengetahui   sebelumnya
With   blowpipe   that   I   can   know   beforehand
                                          (be sure)

rejeki   kami,   karena   itu   tak   bisa   saya   melepaskannya
livelihood our   (so) because (of) that not   could   I   part from it

demi   uang."
for   money

"Tapi   aku   perintahkan   kamu   menyerahkan   padaku
But   I   order   you   to hand over to me

sumpitan   itu.   Kalau   tidak,   aku   takkan   pergi."
blowpipe   that   If   not   I   will not   go

"Saya   tahu   bahwa   kami   wajib   tunduk   kepada   kepala
I   know   that   we   owe   obedience   to   (the) head

desa,"   kata   Djonaha   dengan   wajah   seorang   kawula,   "dan
(of the) village said   Djonaha   with   (the) face (of a) person subservient   and

karena   itu   saya   serahkan   sumpitan   itu   kepada   Bapak,
because   that   I   hand over   (the) blowpipe that   to   Sir

meskipun   dengan   hati   sedih."
despite   with   heart   sad

"Tapi harus diingat agar angin tidak pernah menghembus
But (it) must be remembered that (the) wind not [never] once (should) blow through

senjata ini, dan agar seekor lalat tidak pernah
weapon this and that a fly not [never] once

melangkahinya, sebab kalau demikian kekuatan ajaibnya
walks over it because if (it) is like that (the) strength magic of it

akan hilang."
will be lost

"Aku akan perhatikan itu baik-baik," kata kepala desa,
I will pay attention to that very well said (the) village chief

"dan aku pun tak akan lagi mengganggumu." Kemudian
and I also not will again disturb you Afterwards

berangkatlah ia bersama pengiringnya.
departed he together with his escort

Beberapa hari kemudian kepala desa masuk hutan
Several days afterwards head village entered (the) forest
[the village head]

membawa sumpitan. Segera saja ia melihat pohon di
bringing (the) blowpipe Immediately just he saw (a) tree in

mana terdapat kerumunan burung.
which was begotten (a) flock (of) birds
(resided)

43 Kecerdikan Djonaha

Sudah pasti tidak sulit mengenai seekor di antaranya,
Already definitely not (it) was difficult to hit one (from) in between them

karena itu ia membidik seekor burung yang tinggi
because that he aimed at one (of the) birds that (was) high

di atas pohon itu sambil berseru: "Wahai burung,
up in tree that while appealing Oh bird

terbanglah ke rumahku, supaya ibuku bisa
fly to my house so that my mother can

menggorengmu." Demikianlah ia lakukan beberapa kali
fry you So he did several times

berturut-turut, dan sesudah itu ia pulang.
successive and after that he came home

"Ibu," tanyanya, "berapa ekor burung yang Ibu goreng?"
Mother he asked how many birds (there are) that Mother fried

"Bagaimana kamu bisa bertanya begitu," kata ibunya,
How you can ask (something) like that said his mother

"seekor pun tak ada padaku burung."
one also not was for me (a) bird
(even) (there)

"Ah, kalau begitu Djonaha sudah menipuku!" seru kepala
Ah — if — like that — Djonaha — has — cheated me — yelled — head [the village

desa berang, dan seketika ia pun mencarinya.
village head] — angry — and — instantly — he — then — looked for him

"Djonaha," katanya, "sumpitanmu itu barang yang tak
Djonaha — he said — your blowpipe — that — thing — that — not [useless

ada gunanya."
was — the use]

"Apa Bapak sudah menjaganya dengan baik?" tanya
What — Sir — has — taken care of it — (with) — well — asked

Djonaha.
Djonaha

Kepala desa harus mengakui bahwa ia tidak melakukan
Head [The village — village head] — had to — acknowledge — that — he — not — did

itu.
that

"Tentu seekor lalat sudah melangkahinya, dan kekuatan
Certainly — one — fly — has — walked over it — and — (its) strength

ajaibnya hilang," kata Djonaha mantap.
magic of it — was lost — said — Djonaha — firmly

45   Kecerdikan Djonaha

"Sayang, tapi saya sekarang tak bisa mengambilnya
Sorry   but   I   now   not   can   take it

kembali."
back

Dan kepala desa yang terkecoh itu pun harus pulang
And   head   village   so   deceived   that   also   had to   go home
    [the village   head]

dengan tangan kosong.
with   (the) hands   empty

TAMAT
END

KECERDIKAN   RAJA   PARKIT
(THE) STORY   (OF) KING PARAKEET

Dongeng   binatang   Indonesia   tentang   parkit   yang   tertangkap.
(The) fairytale   (of) animal   Indonesia   about   (the) parakeet   that   was caught

Pada   suatu   kali   Si   Meuseukin   ada   dalam   hutan   untuk
At   one   time   Si   Meuseukin   was   in   (the) forest   to

memotong   kayu   kering,   dan   ia   dapati   sebatang   pohon
cut   wood   dry   and   he   found   a   tree

besar   tempat   berkumpul   banyak   sekali   burung   parkit.
big   (a) place   gathered   many   very much   bird   parakeet
    (where)   [parakeet   ]

Melihat   itu,   ia   berkeputusan   untuk   menangkap
To see   that   he   was deciding   to   catch

burung-burung   itu,   dan   katanya   kepada   diri   sendiri:
birds   those   and   he said   to   him   self

"Tunggu,   besok   kupasang   di   sini   perekat!"
Wait   tomorrow   (I) will place   in   here   glue

"Kalau aku bisa nangkap burung-burung ini, akan kujual
If I can catch birds these will I sell

semuanya, dan hasilnya kubelikan sirih dan buah pinang
all of them and profit-its I sirih and fruit pinang
(for its profit) (will) buy (leaf of betel plant) [areca nut]

untuk ibuku, malahan ia masih akan dapat juga
for my mother on top of that she still would acquire also

pakaian!"
clothes

Maka ia ikat kayu itu dalam satu ikatan dan ia bawa
Then he gathered wood that in one bundle and he brought

pulang. Dan malam itu Si Meuseukin berkata kepada
back home And night that Si Meuseukin said to

ibunya: "Jangan lagi kuatir, Bu! Kalau sudah takdir kita,
his mother Do not again worry Mom When luck (is) ours

kita akan dapat menangkap burung banyak sekali.
we will be able to catch birds many very

Tunggu saja, besok aku akan memasang perekat."
Wait just tomorrow I will put on glue

Begitu pagi tiba bangunlah Si Meuseukin untuk
So morning arrived got up Si Meuseukin to

menyadap getah pohon sukun dan nangka.
tap juice (of the) tree breadfruit and jackfruit

Getah	itu	ia	masak,	ia	putarkan	pada	bambu	yang	ia
Juice	that	he	cooked	he	wound around	on	bamboo	that	he

belah	menjadi	bilah-bilah	sebesar	kelingking.
split	to become	strips	as big as	(a) little finger

Ketika	semuanya	sudah	siap,	ia	ambil	parang	dan
When	all of them	already	were ready	he	took	(a) machete	and

perekat,	lalu	ia	panjat	sulur	pohon	nga	untuk
glue	then	he	climbed	(the) aerial roots	(of the)	nga tree	to

melumurkan	perekat	itu	pada	pohon	besar	tempat	tidur
smear	glue	that	in	(the) tree	big	place (where)	slept

burung-burung	parkit.	Si	Meuseukin	melekatkan	perekat	di
(the) birds	parakeet	Si	Meuseukin	spread	(the) glue	on

sembilan	puluh	sembilan	sarang	yang	ada	di	pohon	itu.
ninety		nine	nests	that	were	in	tree	that

Sesudahnya	ia	turun	kembali,	pergi	mencari	kayu	kering,
After it	he	descended	back	went	to search	wood	dry

mengikatnya	dalam	satu	ikatan,	mengangkatnya	ke	atas
tied them	in	one	bundle	placed it	to	on [onto]

kepala,	dan	kembali	ke	desa.
(the) head	and	returned	to	(the) village

Begitu sampai di rumah, ia turunkan kayunya, dan ia
As soon as arrived in house he lowered his wood and he
[home]

pun mengistirahatkan badan.
then gave a rest to (the) body

Kata Si Meuseukin kepada ibunya:
(Then) said Si Meuseukin to his mother

"Ibu! Apa Ibu ada di rumah? Turunlah segera, dan
Mother (What) Mother is home Come down quickly and
(are you)

pergi ke pasar menjual kayu!"
go to (the) market to sell (the) wood

Ibunya menjunjung ikatan kayu ke atas kepalanya dan
The mother lifted high (the) bundle (of) wood onto her head and

membawanya ke pasar. Di sana ia jual kayu itu, dan
carried it to (the) market There she sold wood that and

dengan uang yang didapatnya ia beli beras tumbuk,
with money that was gotten by her she bought rice pounded

dan ia bawa pulang. Di rumah ia masak nasi dan
and she brought back home At home she cooked rice and

sayuran, dan ketika semuanya matang makanlah ia
vegetables and when all of them done ate she

dengan anaknya.
with her child

51 Kecerdikan Raja Parkit

Malam itu Si Meuseukin berbincang-bincang dengan
Night that Si Meuseukin was talking with

ibunya, katanya:
his mother he said

"Ibu, hari ini aku sudah melumuri dengan perekat
Mother day this I already smeared with glue

sarang burung-burung yang hidup di pohon besar itu."
(the) nest (of the) birds that live in tree big that

Menjelang malam pulanglah raja burung parkit dan
Around (the) night came home (the) king (of the) parakeets and

semua kawulanya, dan masing-masing pun masuk
all his subjects and one by one now entered

ke dalam sarangnya sendiri. Begitu mereka masuk
into his nest own As soon as they entered

sarang, kata menteri parkit:
(the) nest said (the) minister parakeet

"Kita ditipu! Apa yang terjadi malam ini? Kenapa
We have been tricked What (it is) that happened night this Why

seluruh tubuhku penuh perekat?"
all my body is full (of) glue

Begitu mereka mendengar apa yang dikatakan menteri,
As soon as / they / heard / that / what / was said by / (the) minister

semua kawula menjawab, dan raja pun bersabda:
all / (the) subjects / answered / and / (the) king / then / spoke

"Dengan kita, Menteri, keadaannya juga begitu! Perekat
With / us / Minister / the situation / also / like that / Glue

itu melekat di seluruh badan kita. Badan kita
that / sticks / in (to) / all / body / our / Body / our

seluruhnya penuh dengannya, semuanya tertempel dengan
all of it / is full / with it / everything / is stuck / with

perekat! Barangkali seorang manusia sudah datang ke
glue / Perhaps / a / human / already (has) / come / to

sini. Berarti besok kita semua pasti mati."
here / That means that / tomorrow / we / all / definitely / die

Kemudian raja bersabda: "Memang demikian. Besok akan
Afterwards / (the) king / spoke / Indeed / it is like this / Tomorrow / will

datang seorang manusia untuk menangkap kita. Badanku
come / a / human / to / catch / us / My body

pun seluruhnya penuh perekat, aku bahkan tidak dapat
now / all of it / is full / (of) glue / I / in fact / not / can

lagi bergerak."
(any)more / move

53 Kecerdikan Raja Parkit

Mendengar itu menteri bersembah kepada raja: "Kalau
Hearing that (the) minister asked respectfully to (the) king If

begitu apa yang akan terjadi dengan kita? Apakah
so what that will happen with us Is it that
(is it)

besok pagi kita semua mesti mati?" Raja kembali
tomorrow morning we all must die (The) king again

menjawab kepada para menteri, kepala dan para
answered to the minister chiefs and the

pengikut rendahan: "Di mana kalian semua?"
subjects subordinate Where you all
(are)

Dan semua burung parkit itu menjawab: "Kami semua
And all birds parakeet those answered We all

di sini, wahai Raja!"
(are) here oh King

Maka bersabdalah raja parkit: "Aku ada akal. Jadi
Then spoke (the) parakeet king I was (a) mind So
(have) (an idea)

jangan kuatir. Kita bisa mengecoh manusia itu. Mari
don't worry We can deceive human that Come on

kita semuanya besok berpura-pura mati; kita besok tak
we everyone tomorrow pretend to have died we tomorrow not

bergerak sedikit pun dan sepenuhnya tinggal kaku.
move a little also and fully remain stiff

Maka kalau seorang manusia datang, ia akan
Then if a human comes he will

menyangka kita mati, dan kita dibuangnya. Dan pada
assume we died and us he throws away And in

waktu kalian tergeletak di tanah, kalian semua harus
time you lay about on (the) ground you all must

berhitung satu demi satu; kalau jumlah sudah sampai
count one for one if (the) number already reached
(by) (has)

sembilan puluh sembilan, kalian semua harus bangkit dan
ninetynine you all must rise and

serentak kabur! "
together bolt off

Sesudah raja memberikan petuah itu, semua pun pergi
After (the) king gave advice this all also went

tidur dengan tenang. Dan ketika hari mulai terang,
to sleep with calm And when (the) day began obviously

semua parkit mengakukan diri seolah-olah sudah mati.
all (the) parakeets held stiff themselves as if already died

Pagi itu Si Meuseukin dengan gugup bangun dan
Morning that Si Meuseukin with nervousness got up and

segera pergi ke hutan menuju pohon besar itu.
immediately went to (the) forest heading for tree big that

55 Kecerdikan Raja Parkit

Tiba di sana, segera ia memanjat, dan sambil memanjat
Arrived there immediately he climbed and while climbing

ia berkata kepada diri sendiri:
he said to himself personally

"Kalian semua ada di sana, satu-satu terlekat perekat!
You all are there one by one stuck (in the) glue

Besok aku jual kalian di pasar, aku terima uang
Tomorrow I sell you in (the) market I receive money
(at)

banyak, dan dengannya aku bisa beli pakaian, sirih
much and with it I can buy clothes sirih
(leaf of betelp

dan buah pinang, gambir dan tembakau buat ibuku."
and areca nuts gambir and tobacco for my mother
(sirih , arecanut and gambir mixed are chewed)

Tapi sesampai di atas pohon, Si Meuseukin melihat
But arrived up in (the) tree Si Meuseukin saw

semua burung sudah mati dan kaku.
all birds already dead and stiff

Dengan terkejut ia memandang burung-burung itu,
With / surprise / he / looked at / birds / those

serunya:
he called out

"O, rugi besar. Kenapa pula semua burung ini mati?
Oh / (the) loss / big / Why / also / all / birds / these / died

Apa aku terlambat datang? O, sayang sekali! Bagaimana
What (Did) / I / late / come / Oh / shame / very much / How

mungkin hari ini aku begini sial?"
(is it) possible / day / this / I / like this / (was) cursed

Sesudah berkata demikian, ia lepas semua burung itu
After / saying / so / he / freed / all / birds / those

dan ia lemparkan satu demi satu ke tanah.
and / he / threw (them) / one / for (by) / one / to / (the) ground

Ia biarkan semuanya jatuh ke bawah, dan sudah
He / let / them everyone / fall / down / and / already

sembilan puluh delapan menimpa tanah dengan bunyi
ninetyeight / fell on / (the) ground / with / (the) sound of

berdembam.
thudding

Satu-satunya yang tersisa adalah raja parkit.
The only one   that remained was   (the) king parakeet

Waktu itu   kebetulan   parang   Si   Meuseukin   jatuh   ke
Time   that by chance   (the) machete (of) Si Meuseukin   fell   to
(Moment)

tanah, ketika ia memanjat ke puncak tempat raja parkit
(the) ground when he climbed to (the) top place (the) king parakeet
(where)

terlekat.
(was) stuck

Mendengar dembam itu   terbanglah semua parkit itu
To hear   thud   that   flew up   all   parakeet those

serentak.
together

Terlambat mereka melihat bahwa raja mereka masih di
Too late they   saw   that   (the) king their still in

puncak pohon.
(the) top (of the) tree

Si Meuseukin melihat kejadian itu, serunya berang:
Si Meuseukin saw   happening that he yelled angry

"Binatang-binatang celaka! Kalian anggap aku gila!
Animals cursed You think me crazy

Tunggu, ya! Di sini masih ada seekor. Dia tak akan
Wait yes In here still is one He not will

kulepas, tapi akan kusembelih, binatang celaka dengan
I release but will I slaughter (the) animal cursed with

segala permainanmu! Aku akan masak dan goreng kamu
all your games I will cook and fry you

dan akan aku garami kamu! Atau kalau tidak, akan
and will I salt you Or if not will

kujual kamu, dan dengan uangnya aku keli pakaian
I sell you and with the money I buy clothes

buat ibuku, juga sirih, buah pinang, gambir dan
for my mother also sirih areca nuts gambir leaves and
(leaf of betel plant)

tembakau!"
tobacco

Tapi ketika Si Meuseukin melihat bahwa parkit itu
But when Si Meuseukin saw that parakeet that

sangat indah, katanya:
really (was) beautiful he said

"Alangkah indah burung ini! Ini pasti yang terindah dari
How beautiful bird this This definitely that most beautiful of
(is)

semuanya. Barangkali ini rajanya. Kamu berpura-pura
all of them Perhaps this their king you pretend
(is)

mati, tapi aku tak akan melepaskan kamu."
to have died but I not will release you

Ketika raja parkit mendengar itu, mulailah ia meronta
When (the) king parakeet heard that began he to wriggle

dengan hebat, tapi tidak dapat juga ia melepaskan diri
with greatly but not could also he release himself
()

dari perekat yang melekat di seluruh tubuhnya.
from glue that stuck in all his body
(to)

Kemudian Si Meuseukin mencengkeramnya, mengikatnya
Afterwards Si Meuseukin gripped him tied him

dengan tali, dan buru-buru membawanya kepada ibunya.
with rope and hurriedly carried him to his mother

Di jalan, raja parkit mengatakan padanya:
In (the) road king parakeet said to him
(on)

"O, Saudara Meuseukin! Jangan bunuh aku, dan juga
O Brother Meuseukin should not kill me and also

jangan jual aku! Lebih baik Saudara piara aku
should not sell me More good Brother keep me
(as a pet)

di rumah Saudara supaya mudah peruntungan Saudara.
at home Brother towards easily fortune Brother
(comes)

Apabila orang-orang mendengar bahwa aku tinggal di
If people hear that I stayed in

rumah Saudara, pasti mereka semua datang untuk
(the) house (of) Brother definitely they all come to

melihatku dan membawa serta banyak-banyak makanan.
see me and would bring as well very much food

Tentang diri Saudara sendiri, jangan kuatir! Saudara
About himself Brother personally should not worry Brother

pasti akan mendapat peruntungan besar!"
definitely will get fortune big

61 Kecerdikan Raja Parkit

Sesudah	itu	Si	Meuseukin	bawa	raja	parkit	itu	ke
After	that	Si	Meuseukin	brought	king	parakeet	that	to

rumah	dan	ia	masukkan	dalam	sangkar.
(the) house	and	he	put (him)	in	(the) cage

Parkit-parkit	lain	semuanya	mengikuti	rajanya	ke	rumah
(The) parakeets	other	all (the)	followed	their king	to	(the) house

Si	Meuseukin	dan	hinggap	di	bubungan	atap.
(of) Si	Meuseukin	and	alighted	on	(the) top	(of the) roof

Beberapa	hari	kemudian	di	seluruh	negeri	diketahui
Several	days	afterwards	in	all	(the) country	was known

bahwa	raja	parkit	ada	di	sana.
that	(the) king	parakeet	was	in	there

Ketika	orang-orang	dari	desa-desa	berduyun-duyun	datang
Then	(the) people	from	villages	flocked	to come

untuk	melihat	raja	parkit	di	rumah	Si	Meuseukin,
to	see	king	parakeet	in	(the) house	(of) Si	Meuseukin

binatang	macam	apa	itu,	orang	mengatakan	bahwa
(the) animal	(the) kind	(of) what (which)	that	people	said	that

binatang	itu	indah	sekali;
animal	that	(was) beautiful	very much

dan — and
mereka — they
membawa — brought
serta — as well as
hadiah-hadiah, — gifts
terutama — mainly

makanan, — food
begitu — like that
banyaknya — the quantity
hingga — so that
tak — not
dapat — could
orang — (a) person

menyebutkannya; — name it
sebagian — some
membawa — brought
beras — rice
dalam — in
karung, — sacks

sebagian — some
lain — others
membawa — brought
sirih, — betel leaf
buah pinang, — areca nuts
tebu, — sugar cane
pisang; — bananas

sebagian — some
lain — others
lagi — again
membawa — brought
uang — money [local tin coins]
bundar — round
dan — and
dollar, — dollars

masing-masing — respectively
sesuai — appropriate
dengan — with (to)
kemampuannya; — their capacity

lama-kelamaan — long too long (gradually)
makanan — food
itu — that
menjadi — became
timbunan — (a) pile
besar. — big

Gara-gara — Because of
raja — (the) king
parkit, — parakeet
Si — Si
Meuseukin — Meuseukin
menjadi — became
sangat — really
kaya. — rich

Berita — News
itu — that
sampai — reached
juga — also
di — in (to)
telinga — (the) ears
raja — (of the) king
manusia — human
negeri — (of) country

itu. — that

Pangeran itu mengundang Si Meuseukin ke istananya,
Ruler that invited Si Meuseukin to his palace

dan memerintahkan agar ia membawa serta parkit yang
and ordered that he brought as well parakeet so

indah itu.
beautiful that

Si Meuseukin segera tunduk kepada perintah dan
Si Meuseukin immediately submitted to (the) order and

memperlihatkan burung itu kepada raja manusia.
showed bird that to (the) king human

Raja melihat bahwa parkit itu indah luar biasa, dan ia
(The) king saw that parakeet that (was) beautiful outside normal and he
[extraordinary]

bertanya kepada Si Meuseukin:
asked to Si Meuseukin

"Maukah kamu melepas parkit itu padaku? Aku berikan
Will you give up parakeet that to me I give

padamu seribu dinar emas."
you (a) thousand dinar golden

Tetapi   Si   Meuseukin   menjawab:
But   Si   Meuseukin   answered

"Ampun,   Tuanku,   parkit   ini   bukan   milik   hamba,   melainkan
Pardon   my Lord   parakeet   this   not   belongs to   me   but
                                                               (humble version of me)

milik   ibu   hamba."
belongs to   mother   mine
                      (humble version)

Sesudah   itu   Si   Meuseukin   minta   ijin   kepada   raja
After   that   Si   Meuseukin   asked   permission to   (the) king

manusia   untuk   mengundurkan   diri   dan   kembali   kepada
human   to   withdraw   himself   and   returned   to

ibunya;   raja   parkit   dibawanya   serta.
his mother   (the) king   parakeet   was brought by him as well

Sampai   di   rumah   dimasukkannya   burung   itu   dalam
Arrived   at   home   was put by him   bird   that   in

sangkar   emas.
(the) cage   (of) gold

Maka	berkatalah	burung	itu	kepadanya:
Then	said	bird	that	to him

"He,	Saudara!	Lebih	baik	Saudara	jual	aku	kepada
Hey	Brother	More [Better	good]	Brother	(would) sell	me	to

pangeran.	Tak	usah	takut,	segalanya	akan	beres!"
(the) ruler	No	need	to be frightened	everything	will be	allright

Maka	Si	Meuseukin	pun	memutar	langkah	dan	menjual
Then	Si	Meuseukin	also	turned	(his) step	and	sold

burung	itu	kepada	pangeran.
bird	that	to	(the) ruler

Dan	pangeran	memberinya	seribu	dinar	emas.
And	(the) ruler	gave him	one thousand	dinar	golden

Sesudah   raja   parkit   beberapa   waktu   lamanya   tinggal   di
After   (the) king   parakeet   several   times   long   remained   in

istana   raja,   kembali   ia   menjalankan   akal   seperti
(the) palace   (of the) king   again   he   undertook   (a) trick   like

sebelumnya.
beforehand

Pada   suatu   hari   ia   berbuat   seolah-olah   dirinya   sudah
On   some   day   he   did   as if   he himself   had

mati.
died

Ketika   raja   melihat   parkit   itu   mati,   ia   pun   sangat   sedih
When   (the) king   saw   parakeet   that   died   he   then   really   was sad

dan   memerintahkan   melemparkan   mayat   burung   itu   ke
and   ordered   to throw   (the) body   (of) bird   that   (on)to

atap   istana.
(the) roof   (of the) palace

Begitu   parkit   merasa   bebas,   terbanglah   ia.
When   (the) parakeet   felt   free   flew   he

Demikianlah   raja   parkit   bebas   berkat   akalnya.
So   (the) king   parakeet   was freed   thanks to   his trick

TAMAT
END

KANTJIL, BUAYA DAN MACAN
KANTJIL CROCODILE AND TIGER
(Mouse Deer)

Pada suatu hari Kantjil mau menyeberang sungai. Lama
On some day Kantjil wanted to cross (the) river Long

sekali ia sia-sia berjalan kian-kemari sambil memikirkan
very he in vain went back and forth while thinking about

cara untuk mencapai seberang, sampai akhirnya ia
(the) method to reach (the) other side until on it's end he
(finally)

melihat seekor buaya mengambang di kejauhan. Ia pun
saw a crocodile float in (the) distance He also

pergi ke sana, dan katanya:
went to there and he said

"Selamat siang, Kawanku Buaya! Aku yakin jumlah kami
Good afternoon My friend (The) Crocodile I am convinced (the) number (of) us

lebih banyak dari jumlah kalian."
more many from number (of) you
[higher] (than)

"Kok kamu berpendapat begitu?" jawab Buaya, yang
How come you believe that answered (the) Crocodile that

heran memikirkan kekurangajaran Kantjil itu.
(was) surprised thinking about (the) rudeness (of) Kantjil that

"Aku   pikir   jumlah   kami   jauh   lebih   banyak."
I   thought   (the) number   (of) us   (is) far   more   many
                                              [higher   ]

"Tidak   bisa,"   kata   Kantjil   berkeras.   "Jumlah   kami!"
Not   (it) is possible   said   Kantjil   being insistent   Number   our

Buaya   mulai   marah,   dan   terpikirlah   olehnya   untuk
(the) Crocodile   began   to be angry   and   being thought   by him   to

menyantap   Kantjil   yang   kurangajar   itu.   Seketika   ia   ingin
ate   Kantjil   so   rude   that   Instantly   he   wanted to

segera   lepas   dari   ocehan   itu.   "Bagaimanapun   jumlah
immediately   be free   from   chatter   that   Still   (the) number

kami   lebih   banyak,   Kawan!"   seru   Buaya   sambil
(of) us   more   many   Friend   yelled   (the) Crocodile   while
        [higher   ]

memperlihatkan   geliginya   yang   berkilau-kilau,   tapi   Kantjil
showing   his teeth   (that were)   sparkling   but   Kantjil

sama   sekali   tak   terpengaruh   olehnya.
absolutely   not   was impressed   by him

"Baiklah,"	kata	Kantjil,	"kalau	jumlah	kalian	memang
Okay	said	Kantjil	if	number	(of) you	indeed

lebih	banyak	dari	jumlah	kami,	ke	sinilah	semua	kalian
more [higher]	many	from (than)	(the) number	(of) us	to	here	all	you

berjajar,	supaya	aku	bias	memeriksanya,	sebab	aku
line up	so that	I	abnormality	check it	because	I

belum	juga	percaya	itu.	Menurutku,	bagaimanapun	jumlah
not yet	also	believed	that	According to me	still	the number of

kantjil	lebih	banyak."
kantjil (mousedeer)	more many (higher)	

"Baik!"	seru	Buaya.	"Akan	kupanggil	semua	buaya	untuk
Good	called out	(the) Crocodile	Will be	called by me	all	crocodiles	to

berkumpul,	dan	di	situ	kamu	akan	bisa	lihat	sendiri
gather	and	in	there	you	will	can	see	personally

bahwa	kami	lebih	banyak."
that	we	(with) more (many)	

Buaya	lalu	menyelam	ke	dalam	air,	dan	tidak	lama
(The) Crocodile	then	dove	to in (into)		(the) water	and	not	long

kemudian	ia	naik	kembali	bersama	konco-konconya.
afterwards	he	came up	back	with	his pals

"Baiklah," seru Kantjil, "sekarang aku mau menghitung
Okay / called out / Kantjil / now / I / want / to count

dahulu. Berjajarlah dalam satu barisan dari sini sampai
first / Line up / in / one / row / from / here / to

seberang!"
(the) other side

Dan buaya-buaya pun melakukan apa yang dikatakan
And / (the) crocodiles / then / did / what / that / was said by

Kantjil. Ketika mereka sudah berjajar tertib dalam barisan
Kantjil / When / they / already / lined up / orderly / in / (a) line

dari tepi yang satu ke tepi yang lain, kata Kantjil:
from / bank / that / one / to / bank / that / other / said / Kantjil
[from one bank to the other]

"Sekarang aku akan menghitung kalian."
Now / I / will / count / you

"Baik," kata para buaya, dan mereka pun mengambang
Good / said / the / crocodile / and / they / then / floated
()

diam dengan jantung berdetak keras karena rasa ingin
quiet / with / (the) heart / ticking / hard / because / (they) felt / (a) desire

tahu.
to know

73 Kantjil, Buaya Dan Macan

"Satu... dua... tiga... empat... lima... enam... tujuh!" kata
One / two / three / four / five / six / seven / said

Kantjil, dan dia pun sudah sampai di seberang.
Kantjil / and / he / then / already / until / in (on) / (the) other side

"Hai, buaya-buaya!" serunya. "Aku samasekali tak ada
Hey / crocodiles / he yelled / I / completely / not / was

niat untuk menghitung kalian. Aku tadi cuma mau
(of the) intention / to / count / you / I / earlier / only / wanted

menyeberang! Terima kasih atas pertolongan kalian!"
to cross / Receive [thanks] / love / on (for) / (the) help / (of) you

Dan sambil ketawa Kantjil pun melompat-lompat menjauh,
And / while / laughed / Kantjil / also / jumped up and down / moving further away

sementara buaya-buaya berseru kepadanya: "Awas kamu,
now / crocodiles / called / to him / Be careful / you

Kawan! Begitu kamu sampai di tepi air, habis kamu!"
Friend / When / you / to / in (on) / (the) edge / (of the) water / finish / you

75 Kantjil, Buaya Dan Macan

Tak	lama	kemudian	Kantjil	merasa	haus	dan	turun	ke
Not	long	afterwards	Kantjil	felt	thirst	and	descended	to

tepi	air.	Belum	lagi	ia	minum	seteguk,	seekor	buaya
(the) edge	(of the) water	Not yet	again	he	drank	(a) gulp	one	crocodile

sudah	menggigit	kakinya.
already	bit	foot his

"Aku	tangkap	sekarang	kamu,	Kantjil!"
I	caught	now	you	Kantjil

"He,	Kawan!"	kata	Kantjil.	"Kamu	sudah	cadok,	sebab
Hey	Friend	said	Kantjil	You	already	(are) blind	because

yang	kamu	gigit	itu	tongkatku,	bukan	kakiku."	Sambil
that	you	bit	that	(is) my stick	not	my foot	While

menggeram	Buaya	melepasnya,	dan	Kantjil	pun	melompat
being furious	(the) Crocodile	let go of him	and	Kantjil	then	jumped

dengan	gembira.	Namun	Buaya	tetap	mencari	akal	untuk
with	happyness	But	(the) Crocodile	continued to	search	(the) mind	(how) to

membunuh	Kantjil.	Pada	suatu	hari	ia	memanjat	tepi
kill	Kantjil	At	some	day	he	climbed	(the) bank

sungai	dan	berbaring	diam-diam	di	situ,	hingga	kelihatan
(of the) river	and	lay	secretly	in	there	so that	. to appear

seperti	sebatang	pohon.
like	a	tree

Dalam	salah satu	perjalanannya	Kantjil	sampai	di dekat
In	one or other	of his trips	Kantjil	came	close by

Buaya	itu.	Kantjil	melihat	batang	pohon	menggeletak,
Crocodile	that	Kantjil	saw	(the) trunk	(of the) tree	sprawled

dan	karena	ia	tidak	percaya	sepenuhnya,	katanya:
and	because	he	not	believed	it fully	he said

"Kalau	kamu	sebatang	pohon,	berputarlah,	tapi	kalau
If	you (are)	a	tree	turn around	but	if

kamu	seekor	buaya,	tetaplah	berbaring!"
you (are)	a	crocodile	continue to	lay

Dan	batang	pohon	itu	pun	berputar.	Ketika	Kantjil
And	(the) trunk	tree	that	also	turned	When	Kantjil

melihat	itu,	ia	pun	memutuskan	untuk	lari	sambil
saw	that	he	now	broke	into	(a) run	while

berseru	kepada	Buaya:
called	to	(the) Crocodile

"Batang	pohon	tak	bisa	berputar,	Buaya	bodoh!"
(A) trunk	(of a) tree	not	could	turn	Crocodile	stupid

Buaya kembali mencari akal: ia berdiri dengan kedua
(The) crocodile again searched (the) mind he stood with (the) two
(on)

kaki belakangnya dan samasekali tak bergerak, hingga
feet behind and completely not moving so that
[hind feet]

tampak seperti pohon mati. Kantjil yang sedang
apparently like (a) tree dead Kantjil who was

berkeluyuran bertemu dengannya, dan ketika ia melihat
strolling around met with him and when he saw

Buaya ingin menampakkan diri sebagai batang pohon, ia
(the) Crocodile wanting to show himself as (a) trunk (of a) tree he

pun berkata:
also said

"He, apa ini? Pohon atau Buaya? Kalau kamu pohon,
Hey what (is) this (A) tree or (a) crocodile If you (a) tree
(are)

berputarlah, kalau kamu Buaya, tetaplah berdiri!"
turn around if you (a) Crocodile continue to stand
(are)

Pohon itu berputar, dan Kantjil pun melompat sambil
Tree that turned and Kantjil now jumped away while

berseru:
calling

"Kamu bukan pohon, kamu Buaya!"
you (are) not (a) tree you (are the) Crocodile

Kini — Now
Buaya — (the) Crocodile
sudah — thus
amat — very much
sangat — really
marah — (was) angry
pada — at
Kantjil, — Kantjil

hingga — so as to
tak — not
ada — there was
lagi — better
yang — than
diinginkannya — was wanted by him
selain — apart
dari — from

mencabik-cabik — tearing apart
Kantjil — Kantjil
yang — so
jahat — evil
itu. — that

Ia — He
cari — searched
tempat — (a) place
yang —
baik — appropriate
di — in
hutan — (the) forest
yang — that
menurut — according to

pengetahuannya — his knowledge
sering — often
didatangi — was visited by
Kantjil, — Kantjil
dan — and
di —
sana — there
ia — he

membuat — made
sarang — (a) nest
yang — that
harus — must
tampak — appear
sebagai — as
kandang — (a) lair

babi. — (of a) pig

Ketika — When
pada — in
suatu — some
hari — day
Kantjil — Kantjil
kembali — again
pergi — went
jalan-jalan, — on a stroll

tibalah — arrived
ia — he
di — in (at)
sarang — nest
itu, — that
dan — and
ia — he
lihat — saw
sebagian — some
dari — of

ekor — (the) tail
Buaya — (of) Crocodile
itu — that
menonjol. — stick out

Ia mengerti bahwa Buaya hendak menjebaknya, maka ia
He understood that (the) Crocodile would trap him then he

pun menjauh. Setelah berjalan agak jauh ia bertemu
then moved further away After going rather far he met

dengan Macan yang sedang mencari makanan yang
with (the) Tiger that was searching for food (that)
(who)

lezat. Untuk menyelematkan diri, Kantjil berkata:
delicious For saving himself Kantjil said

"Hallo, Kawanku Macan! Aku tahu di mana engkau bisa
Hello My Friend Tiger I know where you can

mendapat makanan yang lezat. Lebih jauh sedikit dari
get food so delicious More far a little from

sini ada seekor babi gemuk menunggumu."
here is a pig fat waiting for you

"Tunjukkan ia padaku, Kawan," kata Macan bernafsu.
Show him to me Friend said (the) Tiger eagerly

"Sebab aku jelas suka itu!"
Because I clearly like that

81 Kantjil, Buaya Dan Macan

Dan Kantjil menunjukkannya jalan ke kandang babi itu.
And Kantjil showed him (the) road to (the) lair (of) pig that

Macan segera bergegas ke sana, sebab nafsunya yang
(The) Tiger immediately hurried to there because his desire so

luarbiasa sudah bangkit, dan ia pun menerkam.
extraordinary already rose and he then pounced on

Buaya terkejut setengah mati dan melompat untuk
(the) Crocodile (who was) scared half dead and jumped up to

mempertahankan diri.
defend himself

Kedua binatang itu bertarung demikian hebat hingga
Two animals those disputed like this great so that
                                           (was so)

bungkah-bungkah tanah beterbangan kian-kemari, dan
clods (of) earth flew back and forth and

ketika mereka lelah, mereka hentikanlah pertarungan itu
when they tired they stopped struggle that

karena mereka sudah kelelahan setengah mati.
because they already were tired half dead

Kantjil sementara itu sudah berusaha agar dirinya
Kantjil now that already made sure to himself
　　　　　　　(who)

berada pada jarak yang aman; ia sudah melarikan diri
be at (a) distance that was safe he already ran off (himself)
　　　　　　　　　　　　　　　　　(with)

jauh ke dalam hutan, tapi Macan berang dan
far to in (the) forest but (the) Tiger (was) angry and
　[into]

mencarinya, sebab rasa malu telah dikecoh oleh Kantjil
looked for him because (he) felt embarrassed having been deceived by Kantjil

itu tak dapat ditahannya.
that not could he bear
　　　　　　(it)

Sesudah lama sekali mencari, ia temukan Kantjil yang
After long very much to search he found Kantjil that

sedang berdiri dekat pohon lesoeh yang sedang berbuah
was standing close to (a) tree of lesoeh that was bearing fruit
　　　　　　　　　　　(sour fruit)

lebat.
abundantly

Ketika Macan mendekat, berkatalah ia:
When (the) Tiger approached said he:

"Kamu   ini   anak   neraka,   Kawan!   Kamu   sudah   menipu
You   this   (a) child (from) hell Friend   You   have   cheated
         (are)

aku   dengan   mengatakan   bahwa   ada   babi   gemuk
me   with   to say   that   there was (a) pig fat

menungguku,   tapi   ternyata   seekor   buaya.   Hampir   saja
to wait for me   but   (it) was evidently   a   crocodile   Nearly   just
                        (turned out to be)

aku   kalah   melawan   dia!"
I   lost   against   him

Kantjil   menjawab:
Kantjil   answered

"Ah,   Kawan,   jangan   berkata   begitu!   Berilah   aku   hidup,
Ah   (my) Friend should not be talking   like that   Give   me   (the) live
                                              (Spare)

sebab   raja   telah   menugaskan   aku   menunggu   dan
because   (the) king has   assigned   me   to wait   and

menjaga   telur-telurnya   yang   ada   di sini."
guard   his eggs   that   are   here

"Di   mana   telur-telur   itu,   Kawan?"   tanya   Macan,
Where eggs   those   Friend   asked   (the) Tiger

sementara   air   liurnya   mengucur.
while   (the) water saliva his   gushed
             [saliva   ]

"Biar   sebagian   aku   makan."
(Please) let that some   I   eat

"Jangan!"   kata   Kantjil   memohon.
(You) Should not   said   Kantjil   begging

"Kalau   begitu   raja   pasti   akan   membunuhku!"
If   like that   (the) king   definitely   would   kill me

Namun   Macan   tetap   pada   kemauannya.
But   (the) Tiger   continued   by   his wish
                        (stayed)

"Kalau   tak   kamu   ijinkan   aku   makan   telur-telur   itu,   aku
If   not   you   permit   I   eat   eggs   those   I

telan   kamu!"   seru   Macan.
will devour   you   called out   (the) Tiger

"Baiklah,"   kata   Kantjil,   "kalau   kamu   berkeras   mau   makan
Well   said   Kantjil,   if   you   keep insisting   to want   to eat

telur-telur   raja   yang   harus   aku   jaga,   nyatakan   kamu
(the) eggs   (of the) king   which   must   I   guard   say   you

setuju   membiarkan   aku   hidup."
agree   to allow   me   to live

"Baiklah, Kantjil," kata Macan, "aku tak akan
Okay *Kantjil* *said* *(the) Tiger* *I* *not* *will*

menelanmu."
swallow you

"Kalau begitu ijinkan aku pergi dulu," kata Kantjil.
If *(it's) like that* *permit* *me* *to go* *first* *said* *Kantjil*

"Sebab raja pasti akan membunuhku jika ia tahu kamu
Because *(the) king* *definitely* *will* *kill me* *if* *he* *knew* *you*

akan memakan telur-telurnya."
will *eat* *his eggs*

"Baik," kata Macan, lalu Kantjil pun menjauhkan diri
Good *said* *(the) Tiger* *then* *Kantjil* *also* *moved away* *himself*

secepat-cepatnya.
as soon as possible

Macan pun memasukkan timbunan buah itu ke dalam
(The) Tiger *then* *put* *pile* *(of) fruit* *that* *into*

mulutnya dan melahapnya, tetapi ternyata buah itu asam
his maw *and* *devoured it* *but* *evidently* *fruit* *that* *(was) sour*

sekali, hingga ia merasa celaka dan memuntahkannya
very much *so that* *he* *felt* *ill* *and* *spewed out it*

kembali.
again

Dengan	berang	Macan	pun	mengejar	Kantjil	dengan
With	anger	(The) Tiger	() then	pursued	Kantjil	with

tekad	untuk	membalas	dendam	tanpa	ampun	lagi.
determination	to	repay	revenge	without	pardon	anymore

Beberapa	waktu	kemudian	Macan	menemukan	Kantjil
Some	time	afterwards	(the) Tiger	found	Kantjil

yang	sedang	duduk	di	bawah	sebatang	pohon	besar	di
who	was	sitting	in	low [under]	a	tree	big	in

antara	dua	sulur.
between	two	creeper plants

Sambil	mendekat	ia	berkata:	"Sekarang	aku	dapatkan
While	approaching	he	said	Now	I	got

kamu,	Kawan.	Kamu	sudah	mengecohku	dengan
you	Friend	You	have	deceived me	and

mengatakan	seolah	kamu	menjaga	telur-telur	raja,	dan
talked	as if	you	guarded	(the) eggs	(of the) king	and

ketika	aku	memakannya,	ternyata	itu	buah	lesoeh.
when	I	ate them	(it was) evident (they were)	that	fruit	lesoeh

Tertangkap	basah	kamu	sekarang!"
Caught [caught red-handed]	wet	you	now

"Aduh,   Kawan, kasihanilh aku!   Jangan   lakukan   itu,   sebab
Ow   Friend   me   Don't   do   that   because

aku   harus   menunggu   gong   raja!"   seru   Kantjil.
I   must   guard   (the) gong (of the) king called   Kantjil

"Gong   raja?"   tanya   Macan.   "Oh,   ijinkan   aku
(The) gong (of the) king   asked   (the) Tiger   Oh   allow   me

memukulnya!"
to strike it

"Jangan!"   kata   Kantjil   memohon.   "Kalau   tidak,   raja   pasti
Don't   said   Kantjil   begging   If   not   (the) king definitely

akan   mematikan   aku!"
will   kill   me

Tapi   Macan   berkeras   pada   keinginannya.   "Kalau   kamu
But   (the) Tiger was persisting in   his wish   If   you

tak   mengijinkanku   memukul   gong   raja   itu,   aku   bunuh
not   allow me   to strike   gong   (of the) king that   I   kill

kamu!"   serunya.
you   he yelled

"Baiklah,"   kata   Kantjil,   "tapi   begini.   Kamu   boleh
Okay   said   Kantjil   but   like this You   may

membunyikan   gong   itu,   dengan   syarat   kamu   mengijinkan
sound   gong   that   with   (the) condition you   allow
                            (on)

aku   pergi   dulu."
me   to go   first

"Baik,"   kata   Macan,   dan   Kantjil   pun   pergi.
Good   said   (the) Tiger and   Kantjil   then   went away

Sesudah   Kantjil   menjauhkan   diri,   ia   pun   berseru   kepada
After   Kantjil   moved away   himself he   then   called   to

Macan:
(the) Tiger

"Silahkan,   Kawan!"
Go ahead   Friend

Macan   memukul   sulur,   dan   semua   sarang   tawon   yang
(The) tiger struck   (the) burl wood and   all   nests   (of) bees   that

ada   di   situ   pun   rontok.
were there   also   fell

Macan   itu   disengat   lebah   dari   segala   penjuru;   ia
Tiger   that   was stung   (by) bees   from   all   corners   he
                                                (sides)

melarikan   diri   mati-matian   sambil   menggeram   kesakitan.
ran off   himself   to death   while   (he) yelled   (from the) pain
                (as fast as possible)

Beberapa   waktu   kemudian   ia   lihat   kembali   Kantjil   sedang
Some   time   afterwards   he   saw   again   Kantjil   (who) was

duduk   di   depan   seekor   ular   sawah   yang   melingkar.
sat   in   front   a   snake   (of the) rice paddy field   that   coiled
         (of)

Macan   berkata:
(The) Tiger   said

"Sekarang   tak   bisa   lagi   kamu   melepaskan   diri,   Kawan,
Now   not   can   again   you   release   yourself   Friend

sebab   aku   akan   bertindak   tanpa   ampun   lagi   denganmu!
because   I   will   act   without   pardon   again   with you

Kamu   bilang   benda   itu   gong   raja   yang   kamu   jaga,
You   said   thing   that   gong   (of the) king   that   you   guarded

tapi   ternyata   adalah   sarang   tawon!   Untuk   itu   pantas
but   evidently   (it) was   (the) nest   (of) bees   For   that   (it is) appropriate
                                                         (that)

kamu   aku   telan!"
you   I   devour

"Oh, Kawan, jangan lakukan itu! Biarkan aku hidup,
Oh Friend don't do that Let me live

sebab di sini aku harus menjaga ikat pinggang raja!"
because in here I must guard band waist (of the) king
[belt]

seru Kantjil.
called out Kantjil

"Ikat pinggang raja?" kata Macan. "Oh, Kawan, aku
(The) belt (of the) king said (the) Tiger Oh Friend I

ingin sekali lihat, apa itu ikat pinggang raja. Ijinkan
want to very much see what that band (of the) waist (of the) king Allow
(is)

aku melihatnya!"
me to see it

"Ini dia, Kawanku Macan!" kata Kantjil sambil menunjuk
This it my Friend Tiger said Kantjil while (he) pointed
(is)

ke ular.
to (the) snake

"O, alangkah indahnya!" seru Macan. "Bolehkah aku
Oh special it's beauty called (the) Tiger May I

mengenakannya, Kawan?"
put on it Friend

"Jangan   lakukan   itu,   Sayangku,"   kata   Kantjil,   "kalau
Don't   do   that   My Dear   said   Kantjil   if

tidak,   raja   pasti   akan   mematikan   aku,   sebab   itu
not   the king   definitely   would   kill   me   because   that
                                                                        (is)

ikat   pinggangnya   sendiri!"
his waistband   own

"Apa?"   seru   Macan.   "Kalau   tidak   segera   kamu   serahkan
What   called   (the) Tiger   If   not   immediately   you   hand over

ikat   pinggang   itu   padaku,   aku   bunuh   kamu!"
belt   that   to me   I   kill   you

"Kalau   demikian,   baiklah!   Tapi   ijinkan   aku   menyingkir
If   it is like this   okay   But   permit   me   to step aside

dulu,   sebab   kalau   tidak   raja   akan   membunuhku!"   kata
first   because   if   not   (the) king   will   killed me   said

Kantjil   dan   mulai   menjauhkan   diri.
Kantjil   and   began   to move away   himself

Ketika   ia   sudah   ada   pada   jarak   yang   aman,   serunya
When   he   already   was   in   (the) distance   that was   safe   he yelled

kepada   Macan: "Silakan,   Kawan.   Kenakan   ikat   pinggang
to   (the) Tiger   Go ahead   Friend   Wear   belt

itu!"
that

93   Kantjil, Buaya Dan Macan

Macan   mencekam   ikat pinggang   yang   indah   berkilau   itu
(The) Tiger took   (the) belt   so   beautifully   sparkling   that

dan   mengenakannya.
and   put it on

Menurutnya,   ikat pinggang   itu   cocok   sekali   untuk   tubuhnya.
He closed   (the) belt   that   fit   very much   to   his body

"Dia   belum   cukup   erat   melingkar!"   seru   Kantjil.
It   not yet   is enough   tightly   coiled   yelled   Kantjil

Ular   melingkarkan   diri   lebih   erat   ke   tubuh   Macan,   dan
(The) Snake coiled   himself   more   tight   to   (the) body   (of the) Tiger   and

matilah   Macan.
killed   (the) Tiger

TAMAT
END

DONGENG TENTANG BURUNG PARUH BERTANDUK
STORY   ABOUT   BIRD   (WITH THE) BILL (OF) HORN

Dongeng Sumatra tentang pangeran yang kelewat cemburu.
(A) tale (from) Sumatra about (the) prince that too much jealous (was)

Di hutan-hutan Sumatra hidup burung yang memanggil
In (the) forests (of) Sumatra lived (a) bird that called

namanya sendiri. Pagi-pagi, sebelum hari terang benar,
his name own Early in the morning before (the) day (is) light true (totally)

kita sudah dapat mendengar suaranya yang tajam di
we already can hear (the) sound so shrill on

lereng-lereng gunung.
(the) slopes (of the) mountain

Begitu si jantan bangun ia panggil betinanya: "Enggang!
When the male wakes up he calls (the) female Enggang

Enggang!" Dan si betina menjawab dengan panggilan
Enggang And the female responds with (a) call

serupa:
similar

"Enggang! Enggang!"
Enggang Enggang

Malamhari   mereka   tidur   di   pohon   yang   berlainan.
(In the) night   they   sleep   in   (a) tree   (that is)   different

Karenanya   pagihari   mereka   saling   memanggil,   sampai
Hence   (during the) day   they   eachother   call   until

akhirnya   mereka   bertemu.   Sesudah   itu   mereka
finally   they   meet   After   that   they

bersama-sama   mencari   sarapan.
together   search   breakfast

Enggang   adalah   burung   besar,   sebesar   kalkun.   Bulunya
Enggang   is   (a) bird   large   as large as   (a) turkey   Its feather dress

berwarna   hijau   campur   hitam   berkilau   indah,   ekornya
(is of the) color   green   mixed with   black   shiny   beautiful   his tail

terhias   lingkaran   putih   lebar.   Pada   paruhnya   yang
is adorned   (with an) outline   white   broad   On   (the) beak   (of the)

berwarna   kuning   terang   ada   tanduknya.   Tanduk   itu
color   yellow   bright   (there) is   (a) horn   Horn   that

langsung   kelihatan,   kalau   kita   melihat   burung   ini.   Orang
immediately   (is) visible   when   we   see   bird   this   People

menamakannya: "Enggang   Gading,"   yang   berarti   Enggang
call it   Enggang   Gading   which   means   Enggang
            (Ivory)

bertanduk.
horned

Dan — And
betinanya — female
disebut — (is) called
"Enggang — Enggang
Papan" — Papan
: Enggang — Enggang

berpapan. — boarded up
Nama-nama — Names
yang — that
mengagumkan, — (are) amazing
bukan? — not (isn't it)
Saya — I

akan — will
bercerita, — tell
kenapa — why
burung-burung — bird
ini — this
mendapat — gets
nama — name

demikian. — thus

Enggang, — Enggang
burung — bird
paruh — (with a) bill
bertanduk, — horned
demikian — as
kita — we
sebut — call

dalam — in
bahasa — language
kita, — (of) us
tidak — not
selamanya — always
ada — resided
di — on
Sumatra. — Sumatra

Berabad-abad — Centuries
yang — (that were)
lalu — ago
di — in
negeri — (the) country
Padang, — (of) Padang
di — on
kaki — (the) foot

Gunung — (of the) Mountain
Singalan, — Singalan
hidup — lived
seorang — a
pangeran. — prince
Pangeran — Prince
itu — that

kaya, — rich
muda, — young
dan — and
periang. — happy
Apabila — When [When he was
ia — he with
dengan — with friends

teman-temannya — friends]
pergi — (to) go
berburu, — hunt
kita — we
bisa — could
mendengar — hear

mereka — their
tertawa — laugh
di tengah — in the middle
hutan. — (of the) forest

Dan orang-orang pun berkata satu kepada yang lain:
And (the) people then told one to the other

"Dengar, itu Pangeran Enggang."
Hear that Prince Enggang
(that is)

Pangeran itu seorang pemburu yang baik. Kalau
Prince that a hunter (that was) good If

anak panahnya mengenai sasarannya, ia pun gembira
child shooter his hit (the) target he (was) then glad
(his arrow) his

luar biasa dan mengganggu teman-teman berburunya
out (of the) ordinary and teased companions (of) his hunting

yang tidak seberuntung dia.
who not (were) lucky as he

Tetapi jangan tanya, kalau orang lain menembak
But do not ask if someone else shot

binatang liar lebih banyak dari dirinya. Enggang pun
beast wild more a lot of himself Enggang also
(game) (than)

sukar mengendalikan diri. Maka dengan wajah marah ia
(had) trouble controlling himself Then with face angry he

lalu pulang ke istananya.
afterwards returned to (the) palace

Dan   orang-orang   saling   berbisik:
And   (the) people   (to) each other (where) whispering

"Tidak   kedengaran   tertawanya.   Pangeran   tidak   beruntung
No   sound   (of) laughter   (The) prince   not   (had) luck

hari   ini."
day this
(today)

Sering   sampai   petang,   Enggang   belum   pulih   suasana
Often   until   (the) evening Enggang   not   recovered humour

hatinya.   Dan   kadang-kadang   kemarahannya   demikian
his   And   sometimes   (the) anger   so much

sangat,   hingga   ia   mengurung   diri   dalam   kamarnya   dan
serious   so that   he   confined   himself in   his room   and

tidak   lagi   memperlihatkan   diri   sepanjang   petang   itu.
no   longer   showed   himself during   evening   that

Pangeran   Enggang   sangat   suka   juga   menyabung   ayam.
Prince   Enggang   really   liked   also   fighting   cocks

Ia   memiliki   jago-jago   yang   terindah   dan   terkuat.   Dalam
He   had   cocks   that were (the most) beautiful and (the) strongest In

penyabungan   itu   ia   selalu   duduk   terdepan.
fights   those   he   always   sat   in front

Kalau	jagonya	menang,	dan	itulah	yang	kebanyakan
If	his cock	won	and	that is	what	most

terjadi,	ia	pun	girang	bukan	main.	Sering	ia	bahkan
happened	he	() then	glad	no	game	Often	he	even
					[extraordinary]			

kemudian	memberikan	hadiah-hadiah	kepada	pemilik	jago
then	gave	gifts	to	(the) owner	(of the) cock

yang	dikalahkan	oleh	jagonya.	Tapi	kalau	sebaliknya
that (was)	defeated	by	his cock	But	if	(the) reverse

yang	terjadi,	maka	ia	pun	menyatakan	bahwa	telah
that (is)	happening	then	he	() then	stated	that	had

terjadi	kecurangan.
occurred	fraud

Dalam	keadaan	demikian	kebanyakan	ia	memaksa	pemilik
In	circumstances	such	mostly	he	forced	(the) owner

jago	yang	telah	menang	itu	untuk	berlaga	kembali,	dan
(of the) cock	which	had	won	it	to	fight	again	and

itu	pun	melawan	jago	baru	pangeran.	Sampai	si	jago
that	also	however	(against a) cock	fresh	(of the) prince	Until	the	cock

pemenang	itu	mati,	hingga	tidak	pernah	ada	orang
winner	that	died	to	not	have	any	one

yang	dapat	dikenal	namanya	sebagai	orang	yang	punya
that	can	make known	his name	as	that	who	had

jago	aduan	lebih	baik	dari	pangeran.
(a) cock	competition	more	better	of (than)	(the) prince

Dan (And (so)) **sangat** (very) **disayangkan** ((it was) unfortunate) **bahwa** (that the) **pangeran** (prince) **itu** (was) **sangat** (very) **cemburuan.** (jealous)

Orang-orang (People) **sebetulnya** (really) **suka** (liked) **padanya,** (him) **tapi** (but) **dapat** ((you) can) **dimengerti** (understand) **bahwa** (that) **mereka** (they) **pun** (also) **sedikit** ((a) little) **takut** ((had) fear of) **padanya.** (him)

Lama-kelamaan (Gradually) **semua orang** (all people (everybody)) **mendengar** (noticed) **bahwa** (that) **pangeran** (prince) **Enggang** (Enggang) **tidak** (no) **lagi** (longer) **begitu** (so) **sering** (often) **pergi** (went) **berburu.** ((to) hunt) **Lebih** (More) **sering** (often) **terjadi** (there) **juga,** (also) **ia** (he) **melewatkan** (skipped) **penyabungan.** (cockfights) **Tapi** (But) **bukan** (not) **karena** (because) **ia** (he) **takut** (feared) **kalah.** ((to) lose) **Tidak,** (No) **Enggang** (Enggang) **merasa** (was) **tidak** (not) **bahagia.** (happy) **Ia** (He) **merasa** (was) **sepi.** (quiet) **Di** (In) **desa-desa** ((the) villages) **itu** (there) **hidup** (lived) **para** (the ()) **kawulanya:** (his subjects) **bapak** (father) **dan** (and) **ibu** (mother) **serta** (together with) **anak-anaknya.** (their children)

Orang-orang itu tidak jarang sangat miskin, tapi mereka
People those not rarely very poor but they

toh memiliki sesuatu yang tidak dimiliki pangeran:
anyway had something that is not owned (by the) prince

mereka itu saling berkawan. Mereka tidak pernah
they these (were) eachothers company They not ever

merasa sepi. Tentu saja di istana pangeran ada para
felt lonely Sure [Of course] simply at (the) palace (of the) prince (there) are the ()

bangsawan, tetapi mereka itu selalu harus memperlihatkan
nobles but they those (were) always should show

sikap hormat kepadanya. Dan ia tak pernah dapat
(an) attitude (of) respect to him And he not ever could

berbincang dengan seseorang dalam suasana betul-betul
talk with someone in atmosphere really

akrab. Ya, pangeran Enggang merasa betul-betul sendiri.
familiar Yes prince Enggang was really (on his) own

Hal itu sudah berlangsung lama sekali. Tapi pada suatu
Situation that already continued long very But on one

hari, sesudah pangeran dengan gelisah berjalan
day after the prince with nervosity walked

mondar-mandir sepanjang malam, tiba-tiba ia berubah.
to and fro during (the) night suddenly he changed

Ia tertawa kembali dan ia berikan perintah menyiapkan
He laughed again and he gave command to set

segalanya untuk satu perjalanan panjang. Terdengar
everything for a journey long (There could be) heard

celoteh gembira di seluruh istana dan gedung-gedung
chatter happy in the court and buildings

sampingannya. Para tukang kuda menyikat kuda-kuda
(on the) side of it The servants brushed (the) horses
(for the) horses (grooms)

tunggang di kandang, dan setiap orang merasa senang
(for) riding in (the) stable and every person felt happy

bahwa pangeran kembali riang.
that the prince was again cheerful

Pangeran Enggang sudah mengambil keputusan.
Prince Enggang had taken (a) decision

"Ini keputusan yang sangat penting," demikian katanya
This decision that very important so he said
(was)

kepada para pembesar istana. "Aku akan mencari istri!
to the courtiers (of the) palace I will find (a) wife

Seorang putri!"
A princess

"Besok aku akan melakukan perjalanan dengan sebagian
Tomorrow I will do (a) journey with some
(make)

dari kalian ke istana pangeran-pangeran lain. Dan kita
of you to (the) court (of) princes other And we are

tak akan pulang sebelum aku temukan istri yang cocok
not going back before I found wife (that is) suitable

untukku."
for me

Demikianlah pangeran Enggang berangkat dengan
Thus prince Enggang travelled with

pengiringnya dari istana yang satu ke istana yang lain.
his retinue from palace (the) one to palace (the) other

Di mana-mana tamu ini diterima dengan ramah-tamah.
At everywhere guest this was accepted with friendliness

Diselenggarakan pesta-pesta, tapi beberapa hari kemudian
(There) were organized parties but a few days later

pangeran berangkat lebih lanjut. Sampai akhirnya ia tiba
(the) prince went more further Until finally he came

di istana Menangkabau. Di sana hidup putri Rangkong
in (the) court (of) Menangkabau (In) there lived princess Rangkong

yang cantik dan menawan.
so beautiful and attractive

Begitu ia melihat putri itu, tahulah ia: "Dia akan jadi
Once he saw princess that knew he She will be

istriku."
my wife

Istana Menangkabau itu terletak tinggi di pegunungan.
(The) palace Menangkabau it lies high in (the) mountains

Di sekitar, tersembunyi di lereng-lereng pegunungan itu,
(In) around hidden in (the) slopes (of) mountain that
(it) (on)

terletak desa-desa tempat tinggal para kawula pangeran.
lay (the) villages place lived the subjects (of the) prince
(where)

Mereka adalah orang-orang yang jujur, rajin dan ramah.
They are people (who are) honest diligent and friendly

Putri itu sering menjumpai mereka, berbincang-bincang
Princess that often meet them talked

dengan mereka, dan suka bermain dengan anak-anak
with them and liked to play with (the) kids

mereka. Ia juga memikirkan agar orang-orang desa yang
(of) them She also thinks for (the) people (of the) village (who are)
(cares)

sakit dan hidup dalam kekurangan dibantu. Ayahnyalah
ill and live in lack (of) help Her father

yang mendorong hal itu.
that encouraged situation this

"Kalau kamu nanti menjadi istri pangeran," demikian
When you will be wife prince thus

sering dikatakan oleh ayahnya, "kamu harus mencintai
often said by her father you should love

rakyatmu. Maka kamu akan dapat memastikan bahwa
your subjects That way you shall can ensure that

mereka pun akan mencintai kamu."
they also will love you

Pangeran Enggang berminggu-minggu tinggal sebagai tamu
Prince Enggang (for) weeks stayed as guest

pangeran Menangkabau yang baik itu, dan semua
(of the) prince (of) Menangkabau (who is) so good that and all
(one)

berbesar hati dengan kegembiraan pangeran dari Padang.
elated (their) heart with joy prince of Padang
(filled)

Semua berharap pangeran dari Padang akan memilih
All hoped prince of Padang would select

putri Rangkong sebagai istrinya.
princess Rangkong as his wife

Dan   ketika   akhirnya   pangeran   dari   Padang   memang
And   when   finally   (the) prince of   Padang   did

memilih   putri   Rangkong   sebagai   istrinya,   maka
choose   princess Rangkong   as   his wife   then

di mana-mana   pun   orang   riang   gembira.   Putri   sendiri
everywhere   also   people (were) merry (and) happy (The) princess herself

barangkali   yang   paling   bahagia   dari   semua   orang,   sebab
perhaps   that   most   (was) happy of   all   people   because
             (the)

ia   akan   sangat   mencintai   pangeran   Enggang.   Pesta
she   would   really   love   prince   Enggang   (The) party

perkawinana   dirayakan   secara   besar-besaran.   Musik
(for the) wedding celebrated in a manner   very large   Music

berkumandang   berhari-hari   lamanya,   dan   tiap   hari   dimasak
reverberated   (for) days   long   and   every   day   (there was) cooking

masakan   lain   yang   paling   lezat.   Sungguh   itu   waktu
(of) food different   that   most   delicious   Really   that   (a) time
                       (was)   (was)

yang   sibuk.   Segalanya   harus   disiapkan   bagi
that   busy   Everything   should   be prepared   for
(was)

keberangkatan   putri.   Sejumlah   orang   bangsawan   dan
(the) departure   (of the) princess A number of   persons   noble   and

pelayan   istana   ayahnya   akan   ikut   berangkat,   agar   putri
maids   (from the) palace(of her) father   would   follow   going   so that   (the) princess

di   istana   yang   baru   nanti   akan   punya   sejumlah   kenalan
in   (the) palace (that was) new   next   would   have   some   contacts

lamanya.
from old

109   Burung Paruh Bertanduk

Ketika	iring-iringan	berangkat,	semua	orang	keluar	dari
When	(the) convoy	left	all	persons	(came) out	of

rumahnya	untuk	mengucapkan	selamat	berpisah	kepada
their houses	to	say	greetings [goodbye]	separating	to

putri.	Anak-anak	berlari	mengikuti	di belakang.	Dan	setiap
(the) princess	(The) children	ran	to follow	behind	And	every

orang	terus	melambaikan	tangannya	selama	masih	ada
person	continued	to wave	their hand	as long	still	there

yang	terlihat,	sebab	putri	sangat	mereka	sayangi.
(it) was (possible)	looking	because	(the) princess	very	they	loved

Berita	bahwa	pangeran	Enggang	dengan	istrinya	akan
(The) news	that	(the) prince	Enggang	with	his wife	would

datang	sudah	sampai	berhari-hari	sebelumnya	ke	desa
come	already	reached	(in the) days	previous	to	(the) villages

di	negeri	Padang.	Dan	di	sana	pun	orang-orang	berdiri
in	(the) country	(of) Padang	And	there		also	people	stood

di	sepanjang	jalan.	Ibu-ibu	mengangkat	anak-anaknya	agar
	along	(the) way	(The) mothers	lifted	(the) children	to

dapat	melihat	pasangan	pangeran	dan	istrinya.
be able	to see	(the) pair	prince	and	his wife

Dan   putri   ketawa   dengan   ramah   kepada   mereka.   Di
And   (the) princess laughed   with   friendliness   to   them   In

istana   pangeran   Enggang   kembali   diselenggarakan   pesta
(the) court prince   Enggang   again   held   (a) feast

besar.
big

Semua   orang   gembira   karena   pangeran   bahagia,   dan
All   (the) people   (were) happy   since   (the) prince   (was) happy and

setiap   orang   mengagumi   putri   yang   menawan   itu.
every   person   admired   (the) princess so   charming   that
                                                                 (one)

Enggang   berusaha   sebaik-baiknya   agar   putri   sedapat
Enggang   tried   his utmost best   so that   (the) princess everywhere

mungkin   merasa   senang.   Ia   datangkan   busana   dari
might   feel   happy   He   (let) come   (the) fashion   of

negeri-negeri   yang   jauh.   Wangi-wangian   dari   Arab,
countries   (that were)   remote   Perfumes   from   Arabia

permata   yang   mahal-mahal   dari   Jawa   dan   Bali.
jewels   (that were)   very expensive   from   Java   and   Bali

Kamar-kamar   dihias   dengan   meja-kursi   dan   permadani
(The) rooms   decorated   with   table-chair   and   rugs
                                     (furniture)

yang   indah-indah.
(that were)   very beautiful

Pangeran   Enggang   memang   sangat   mencintai   istrinya.
Prince   Enggang   of course   very much   loved   his wife

Tapi	ia	masih	menyimpan	kebiasaan	lama	yang	tercela.
But	he	still	kept	habits	old	(that were)	despicable

Ia	tak	dapat	menerima	bahwa	pembesar	istana	dan
He	(did) not	could	accept	that	(the) courtiers	(of the) palace	and

pembantu	begitu	khusus	diperbantukan	pada	putri.	Mereka
maids	so	specially	fawned	on	(the) princess	They

itu	bergegas	berangkat	begitu	melihat	isyarat	putri,	dan
there	rushed	to go	as soon as	was seen	(a) sign	(of the) princess	and

mereka	dapat	membaca	keinginan	putri	yang
they	could	read	(the) desire	(of the) princess	(the)

sekecil-kecilnya	dari	wajahnya.	"Orang-orang	itu	rupanya
least	from	her face	People	those	apparently

lebih	mencintai	dia	daripada	aku,"	begitulah	pikir
more	love	her	instead	me	so	thought

pangeran	yang	cemburuan	itu.
(the) prince	that	envied	that

Enggang	lebih	lagi	tidak	tahan	bahwa	putri	Rangkong
Enggang	over	more	not	(could) bear	that	princess	Rangkong

dengan	senang	hati	dan	ramah	bergaul	dengan
with	happy	heart	and	friendly	interacted	with

pembesar	istana	dan	terutama	dengan	para	bangsawan
(the) courtiers	(from the) palace and		especially	with	the	nobles

Menangkabau	yang	datang	bersamanya.
(from) Menangkabau	that	came	with her

Tiap kali ia marah apabila putri berbincang-bincang
Every time he was angry if (the) princess talked

dengan teman-teman mudanya tentang masa ketika ia
with friends (of) her youth about (the) time when she

bermain di taman-taman ayahnya. Sesungguhnya pangeran
played in (the) gardens (of) her father In fact (the) prince

akan lebih senang jika putri Rangkong sukar didekati
would more like if princess Rangkong (were) difficult approachable

dan bersikap angkuh terhadap setiap orang. Tapi hal itu
and had an air arrogant against all people But thing such
(everyone)

tidak mungkin bagi Rangkong yang ramah itu. Tiap kali
not possible to Rangkong so friendly that Each time
(she was)

pangeran pun tercengkeram oleh cemburunya. Dan pada
(the) prince () then was gripped by jealousy And on

suatu hari demikian sangat cemburunya, hingga dalam
one day so very jealous so that in

kemarahannya ia pulangkan semua bangsawan
anger he returned all noble

Menangkabau itu ke negerinya. Dengan para pembantu
Menangkabau those to their country With the servants

putri yang tua dan akrab demikian juga yang terjadi.
(of the) princess so old and familiar thus as well as that happened

Tidak	lama	kemudian	tak	ada	lagi	orang	yang	oleh
Not	long	after	not	there were	(any) more	persons	that	by

putri	dapat	diajak	berbincang-bincang	tentang	tanah
(the) princess	can	be invited	to talk	about the	country

kelahirannya.
(of) her birth

Apalah	yang	sekarang	masih	tinggal!	Tidak	ada,
What (if)	that	now	still	stopped	Not	it was (so)

pangeran	semakin	banyak	melarang	orang	bergaul
(the) prince	still	more	prohibited	people	to interact

dengan	putri.	Ia	bahkan	menempatkan	mata-mata	yang
with	(the) princess	He	even	placed	spies	which

harus	menyampaikan	kepadanya	apa	yang	dilakukan	putri
should	submit	to him	what	that	did	(the) princess

sepanjang	hari.	Putri	mulai	merasa	sepi.	Apabila	ia	dari
all	day	(The) princess	started	to feel	alone	If	she	from

bukit	tempat	berdirinya	istana	memandang	ke	padang,	ia
(the) hill	(of the) place	(where was) established	(the) palace	looked	into	(the) fields	she

pun	menginginkan	sama	bebasnya	dengan
also	longed for	(the) same	freedom	with (as)

perempuan-perempuan	desa	yang	ia	lihat	berjalan	di	sana.
(the) women	(of the) village	that	she	saw	walking		there

Apa — What (is)
artinya — the meaning
segala — (of) all
kemegahan — greatness
dan — and
kekayaan, — wealth
kalau — if
ia — she

tidak — not
dapat — can
pergi — go
ke — to
mana — where
ia — she
suka? — likes
Keadaan — (The) situation
menjadi — became

lebih — more
buruk. — bad

Pangeran — (The) prince
yang — so
cemburuan — jealous
itu — that
terakhir — (at) last
bahkan — even

melarangnya — her forbid
berjalan-jalan — to walk
di — in
taman, — (the) garden
kalau — if
pangeran — (the) prince
tidak — not (was)

bersamanya. — together with her
Tidak — No
lama — longer
kemudian — then
Rangkong — Rangkong
yang — (that was)

berwatak — character
gembira — happy
pun — however
menjadi — became
wanita — (a) woman
yang — (that is)
pucat — pale
dan — and

pendiam. — quiet

"Apa — What
yang — is
kurang?" — not in order
tanya — asked
pangeran — (the) prince
kadang-kadang — sometimes

dengan — with (in)
nada — (a) tone
prihatin. — concerned
"Apakah — What
ada — is it
yang — that
kamu — you
inginkan? — want

Katakan — Say
saja, — just
nanti kuberi." — (and I shall) give

"Wahai, Pangeranku, aku sudah meninggalkan negeri dan
O   Prince   I   already left   country and

keluargaku untuk pergi bersamamu. Aku cinta sekali
family   for   go   with you   I   love very much

padamu, tapi aku merasa sepi."
you   but I   feel   alone

"Tapi aku kan sudah melakukan segalanya supaya kamu
But I   not already did   everything so that you
                    [have done]

bahagia. Kekayaan yang paling mahal sudah aku
happy   Treasures that are most expensive already I
(are)

datangkan dari Arab, Jawa dan Bali. Aku ada
brought   from Arabia Java and Bali I   have

ruangan-ruangan indah di istana untuk kamu atur."
(the) halls   beautiful in (the) palace for you set up

"Aku tahu benar semuanya itu, dan aku senang
I   know truly everything that and I   (am) happy

dengannya. Tetapi aku kehilangan teman-temanku. Kalau
with it   But   I   lost   my friends   If

kamu tak ada, tak ada lagi temanku berbincang-bincang."
you not there not there is any more my friends for chatting

"Tapi kamu kan ada pembantu-pembantu yang selalu
But you not have servants who always
(are)

siap melayanimu? Apa mereka itu kurang baik kerjanya?
ready to serve What they that not enough good their work

Katakan saja, biar aku usir mereka dan aku datangkan
Say just (and) let I kick out them and I brought
(it)

yang lain."
another

"Untuk apa perempuan-perempuan asing itu ada
To what women foreign that there are
(use)

di sekitarku? Tidak ada seorang pun lagi yang lekat
around me Not there is anyone also any more that is attached

padaku."
to me

Airmata pun merebak dalam mata putri, dan pangeran
Tears also filled in (the) eyes (of the) princess and prince

Enggang bertobat dari sifat cemburunya yang buruk itu.
Enggang felt sorry for (the) traits (of) jealousy so bad those

Ia bermaksud memberikan lebih banyak kebebasan
He vowed to give more much freedom

kepada putri, supaya putri tidak lagi sendiri.
to (the) princess so (the) princess no longer (was by) herself

Tetapi	tidak	lama	kemudian	ia	sudah	lupa	kembali
But	not	long	after	he	already	forgot	again

pada	maksudnya	itu.	Dan	ketika	ia	pergi	untuk
(on)	the intention	that	And	when	he	went away	for

beberapa	hari,	ia	bahkan	putuskan	untuk	mengunci	putri
(a) couple	(of) days	he	even	decided	to	lock	(the) princess

dalam	kamar-kamarnya	sendiri.	Ia	hanya	meninggalkan
in	her rooms	own	He	only	left

seorang	perempuan	tua	yang	bisu-tuli	pada	putri.
a	woman	old	(who was)	(a) deaf-mute	for	(the) princess

Perempuan	itulah	yang	harus	mengurusi	putri.	Selama
Woman	that	(was the one that)	should	take care of	(the) princess	During
						(that)

pangeran	pergi	tidak	boleh	ada	pembantu	yang
(the) prince	was gone	not	was allowed	there	(a) maid	to

berbicara	dengan	putri.	Putri	Rangkong	merasa	seperti
talk	with	(the) princess	Princess	Rangkong	felt	like

burung	di	dalam	sangkar.	Ia	goncangkan	pintu-pintu	dan
(a) bird	in		(a) cage	She	shook	(the) doors	and

jendela-jendelanya,	tapi	tak	ada	kemungkinan	padanya
windows	but	not	it was	possible	for her

untuk	lolos.
to	escape

Kalau   perempuan   tua   itu   mengambil   makanan   untuk
When   woman   old   that   took   food   for

putri   di   dapur,   ia   kunci   pintu   di   belakangnya   baik-baik.
(the) princess   in   (the) kitchen   she   locked   (the) door   behind her   very well

Ia   masakkan   putri   masakan-masakan   yang   paling   nikmat.
She   prepared   (for the) princess   dishes   the   most   delicious

Tapi   itu   pekerjaan   sia-sia   saja.   Tak   sesuap   pun
But   that   job   (was) in vain   just   No   bite   then

makanan   itu   dapat   melewati   tenggorokan   putri.
(of) food   that   could   pass   (the) throat   (of the) princess

Pangeran   pulang   dari   perjalanan   dan   bergegas
(The) prince   returned   from   (the) journey   and   rushed

mendapatkan   istrinya.   Tetapi   ketika   dilihatnya   putri
to get to   his wife   But   when   he saw   (the) princess

terbaring   di   sebuah   dipan   dengan   sedih   dan   putus asa,
lying   on   a   sofa   with   sad   and   desperation

pangeran   kembali   sangat   menyesali   perbuatannya.
(the) prince   again   very much   felt sorry   (for) his actions

Ia angkat putri, ia naikkan ke punggung kuda, dan ia
He lifted (the) princess he raised to (the) back (of a) horse and her
(on)

bawa berkeliling. "Lihatlah, betapa orang-orang itu
took round See how people those

menyambut kita dengan hormat!" katanya. Tetapi putri
welcome us with respect he said But (the) princess

tidak memandang atau menoleh. Tetapi kalau pangeran
not looked or turned But if (the) prince

mau menoleh, ia akan melihat bahwa orang-orang itu
wanted to look he would see that people those

saling menggelengkan kepalanya, begitu ia sudah lewat.
(to) eachother shook their head after he had passed

Orang-orang Padang kiranya akan punya lebih banyak
(The) people (from) Padang still would have more much

lagi alasan untuk menggelengkan kepala. Di kebun
more reason to shake (the) head In (the) garden

belakang istana itu tumbuh sebatang pohon yang sangat
behind palace that grew a tree that was very

besar, dan batangnya lurus seperti lilin.
large and its trunk (was) smooth like wax

Pangeran Enggang menyuruh melubangi pohon ini.
Prince Enggang ordered to hollow out tree this

Seorang penebang pohon melakukan pekerjaan kasar itu.
A woodchopper did (the) work rough that

Kemudian seorang tukang mebel harus menghaluskan
Then a handyman furniture had to smoothen out
[carpenter]

semua di dalamnya dan menggantunginya dengan
all within it and hang up it with

permadani yang mahal-mahal. Sebuah ranjang istirahat
rugs (that were) expensive A bed to rest

ditempatkan di situ. Pintunya ditutup dengan kulit pohon,
was placed inside (The) door was covered with (the) bark (of the) tree

hingga dari luar tidak kelihatan. Hanya lewat lubang
so from (the) outside not visible Only through (a) hole

kecil cahaya dapat masuk.
(a) little light could come in

Ketika pangeran Enggang harus pergi lagi, ia kunci
When prince Enggang had to go again, he locked

istrinya di dalam pohon ini sebelum ia pergi.
his wife inside tree this before he went

Orang-orang yang telah mengerjakan ruangan ia bawa
(The) people who had created (the) room he took

serta, dan hanya perempuan tua yang bisu-tuli yang
along and only (the) woman old that was deaf-mute who

tahu di mana putri yang malang itu berada.
knows where (the) princess so unfortunate (that) was located

Ia tiap hari mengambil makanan dari dapur untuk putri
She every day took food from (the) kitchen to (the) princess

yang malang itu dan menyorongkannya lewat lubang tadi
so unfortunate that and pushed it through hole that

ke dalam. Ia usahakan baik-baik agar tak seorang pun
to inside She did her best very well for not anyone also

melihatnya.
to see her

Putri telah berusaha meloloskan diri, tapi ia tak dapat
(The) princess had been trying to get away herself but she not was able

membuka pintu itu. Ia pun tidak berseru minta tolong,
to open door that She also not cry to ask (for) help

sebab tak ada suara yang dapat menembus kayu tebal
because not there was sound that could penetrate wood thick

itu ke luar.
that to (the) outside

Empat hari sesudah pangeran pergi, duduklah
Four days after (the) prince went sat

salah seorang tukang kuda di tempat kesayangannya
any one handyman horse in (the) place beloved
(some) [groom] (of) his

pada sebatang pohon. Di situ tak akan kepala kandang
on a tree There not would (the) head (of the) stable

mencarinya.
search him

Ia baru sebentar menyamankan diri, ketika tiba-tiba ia
He just briefly dozed off (self) when suddenly he

melihat perempuan tua. Perempuan tua melihat ke kiri
saw (a) woman old (The) woman old looked to (the) left

ke kanan dengan sikap takut, ketika ia dengan
to (the) right with attitude fear while she with

bermacam masakan berjalan ke pohon besar. Dengan
various plates of food walked to (the) tree big With

heran tukang kuda memandangnya. Ia melihat bagaimana
wonder (the) stableboy watched her He saw how

perempuan itu menyorongkan makanan lewat lubang, dan
woman that thrusted (the) food through (a) hole and

sesudah itu kembali dengan hati-hati juga.
after that returned with carefulness also

Ketika perempuan itu sudah pergi, keluarlah tukang kuda
When woman that was gone away (The) groom

dari persembunyiannya menuju pohon itu.
from his hiding place moved towards tree that

"Apa di situ ada roh yang diberi sajen oleh perempau
What there is (a) spirit (that is) given (an) offering by

itu?"
that

Dengan sedikit takut, namun diliputi rasa ingin tahu, ia
With (a) little fear but overwhelmed b(the) feeling to want to know he

pergi ke pohon itu. Ia tak melihat sesuatu yang aneh.
went to tree that He did not see anything (that was) strange

Maka ia pun memanjat sedikit, hingga wajahnya berada
Then he also climbed (a) little so that his face was located

tepat di depan lubang. Tetapi segera kemudian ia pun
exactly next to (the) hole But immediately after he also

melompat kembali ke tanah dan mau lari. Ia telah
jumped again to (the) ground and wanted to run He had

mendengar suara lirih, dan karenanya ia gemetar
heard (a) sound soft and because of that he trembled

ketakutan. Jadi di pohon itu memang ada roh tinggal.
(of) fear So in tree that indeed there is (a) spirit living

Ketika ia ingat apa yang dikatakan suara itu:
When he remembered what that said voice that

"Tolong aku, tolong aku!" mengertilah ia bahwa itu tidak
Help me help me understood he that that not

mungkin roh jahat.
could be (a) spirit evil

Maka dengan sangat hati-hati ia pun memanjat kembali
So with very much care he also climbed back

ke arah lubang, dan berbisik:
into (the) direction (of the) hole and whispered

"Siapa Anda, dan apa mau Anda?"
Who You and what want You
(are)

"Tolonglah saya, saya putri Rangkong," terdengar jawab
Help me I princess Rangkong sounded (the) answer
(am)

yang sangat lirih. "Siapa Anda?" Tukang kuda pun
(that was) very soft Who You (The) stableboy also
(are)

ketawa. "Anda kira saya percaya! Putri ada di
laughed You think I believe (The) princess is in

kamarnya di istana, semua orang tahu itu!"
her room at (the) palace all people know that

"Saya betul putri Rangkong. Pangeran Enggang sudah
I really princess Rangkong Prince Enggang has

mengunci saya dalam pohon ini. Katakanlah, siapa
locked me in tree this Say whom

kamu! Maukah kamu menolongku?"
you Would you help me
(are)

"Saya Sidin, tukang kuda," jawabnya sebentar kemudian.
I (am) Sidin (the) stableboy he answered (a) while after

Ia tak bisa mempercayai bahwa putri ditahan dalam
He not could believe that (the) princess is being held in

pohon itu.
tree that

"Tak dapatkah kamu menolongku, Sidin? Kalau aku lebih
Not can you help me Sidin If I more

lama lagi mesti tinggal di sini, mati aku!"
longer again should stay in here (it will) kill me

"Itu datang kepala kandang! Saya harus pergi! Tapi
That (is) coming (the) stablemaster I have to go But

sore nanti saya akan kembali!"
tonight later I will return

Sidin menghilang tepat pada waktunya. Tanpa ada yang
Sidin disappeared just on time Without there was (anyone) tha

melihatnya, ia menyelinap ke kandang. Di sana ia
saw him he slipped to (the) stable There he

segera mulai menyikat bulu seekor kuda.
immediately started brushing (the) mane (of) a horse

"Di mana kamu tadi, anak nakal, sudah lama aku
Where you just now child naughty already long I
(were)

mencari kamu!" seru kepala kandang marah, ketika tak
searched you yelled (the) stablemaster angry when not

lama kemudian ia masuk.
long after he came in

"Saya sedang kerja ini," jawab Sidin samasekali tanpa
I was busy doing this answered Sidin absolutely without
[innocent

dosa. Sambil mengomel orang itu pun pergi ke bagian
guilt While muttering man that also went to the
]

lain kandang.
other stable

Ketika hari sudah gelap Sidin menyelinap kembali ke
When (the) day already dark Sidin slipped back to
(had) (darkened)

tempat tahanan putri.
(the) place (of the) imprisoned princess

"Anda masih ada di situ, Putri?" tanyanya dengan mulut
You still are there Princess asked he with (the) mouth

di depan lubang.
next to (the) hole

"Apa itu kamu, Sidin?"
What that you Sidin
(is)

"Ya, Putri. Saya akan mencoba membuka pohon ini."
Yes Princess I will try to open tree this

"Tepat di bawah lubang itu ada celah, di situ kamu
Right under hole that there is (a) crack there you

mesti mencoba. Aku mau lari. Awas, jangan bikin
should try I want to run Caution do not make

ribut!"
noise

Sidin memasukkan parang ke dalam celah, dan memang
Sidin put in (the) machete to in (the) slit and indeed
(into)

pintu itu mulai membuka. Dengan mendorong sisi dalam,
door that started (to) open By pushing side within
[inside]

sedangkan Sidin menarik dari sisi luar, terbukalah
while Sidin pulled from side outer opening
[outside]

peluang lebih luas dan akhirnya putri dapat meloloskan
succeeded more wide and (in) the end (the) princess could get out

diri melewatinya.
herself going to the outside

"Tinggallah menunggu di sini, Putri, saya akan
Stay wait here Princess I will

mengambil dua kuda. Saya akan mengawani Putri!"
take two horses I will go along Princess

"Ingatlah, Sidin, bahwa pangeran Enggang akan
Remember Sidin that prince Enggang would

membunuhmu, jika ia tahu bahwa kamu sudah
kill you if he knew that you had

menolongku!"
helped me

"Saya tahu itu, Putri, justru karena itu saya akan
I know that Princess just because (of that) I will

menyertai Putri. Lagi pula jangan sampai Putri tersesat
come along with (the) Princess Again also not so that (the) Princess would get lost

di dalam gelap."
in the dark

Sidin menutup lubang di pohon itu, dan berlari ke
Sidin closed (the) hole in tree that and ran to

kandang. Tak lama kemudian kedua orang itu sudah
(the) stable Not long after two (persons) those had

meninggalkan istana dengan kuda-kuda yang muda dan
left (the) palace with (on) (the) horses (that were) young and

bersemangat.
eager

"Ke   mana   Putri   mau   pergi?"
To   where   (the) Princess wanted   to go

Putri   Rangkong   ingin   menuju   pegunungan   tempat   rumah
Princess   Rangkong   wanted   to go in the direction of (the) mountains   place   house
(where stood)   [the villa

peristirahatan   ibunya.   Ia   tahu   bahwa   ibunya   tinggal
resting   (of) her mother   She   knew   that   her mother   resided
]

di sana   bulan   itu.
there   month   that

Mereka   menunggang   kudanya   sepanjang   malam   dengan
They   rode   (their) horse   all   night   with
(horses)

derap   lebar.   Tiap   kali   Sidin   menengok   apakah   putri
pace   wide   Every   time   Sidin   looked   whether   (the) princess
(great)

masih   baik   duduknya   di   atas   pelana.   Tapi   putri
still   well   was seated   on   (the) saddle   But   (the) princess

membawakan   diri   dengan   keberanian   yang   mengagumkan.
bore herself   herself   with   courage   (that was)   amazing

Menjelang   pagi   sampailah   mereka   di   pegunungan,   dan
Before   (the) morning   arrived   they   in   (the) mountains   and
(were)

tidak   lama   lagi   mereka   akan   sampai   di
not   long   more   they   would   arrive   in

rumah   peristirahatan   ibunya.
home   (of) her mother
(for) resting (villa)

Nyonya   pangeran   Menangkabau   sangat   berang   mendengar
(The) wife   (of the) ruler   (of) Menangkabau   very much   (was) angry   hearing

perlakuan   pangeran   Enggang   kepada   anaknya.
(the) treatment   (of) prince   Enggang   onto   her child

Ia   memerintahkan   agar   semua   jalan   di   gunung   dijaga
She   ordered   for   all   (the) roads   into   (the) mountain   protected

oleh   penjaga   bersenjata,   dan   ia   kirim   berita   kepada
by   (a) guard   armed   and   she   send   news   to

suaminya   di   ibukota.
her husband   in   (the) capital

Ketika   pangeran   Enggang   pulang   dari   perjalanan,
When   prince   Enggang   returned   from   (the) journey

pertama-tama   ia   pergi   ke   pohon   tempat   ia   mengunci
first   he   went   to   (the) tree   where   he   locked up

istrinya.
his wife

Pintu   terbuka,   tapi   putri   tentu   saja   tak   kelihatan.
(The) door   (was) open   but   (the) princess   of course   not   to be seen

Pangeran   jadi   seperti   gila   ketika   ia   melihat   bahwa
(The) Prince   became   like   crazy   when   he   saw   that

istrinya   sudah   lari.
his wife   had   run off

Ia perintahkan memelanai kudanya yang tercepat jalannya
He commanded to saddle his horse (that is) fastest (in) running

dan ia pacu kuda sekencang-kencangnya ke pegunungan,
and he rode (the) horse very wild to (the) mountains

karena ia menduga putri Rangkong telah melarikan diri
because he suspected princess Rangkong had ran herself

ke tanahnya sendiri.
to her land own

Ketika ia mendekati pegunungan, mulailah ia mengendarai
When he came close to (the) mountains started he riding

kudanya lebih lambat. Ia tahu bahwa ibu putri
his horse more slower He knew that (the) mother (of) prince

Rangkong memiliki rumah peristirahatan di salah satu
Rangkong owned home resting on any one
[a villa]

lereng pegunungan, dan di sanalah ia pertama kali
slope (of the) mountains and in where he first (time)

akan mencarinya. Dari kejauhan ia sudah melihat para
would search her From (a) distance he already saw the

penjaga berdiri di posnya. Kini ia pun merasa pasti
guards stand on their post Now he was feeling sure

bahwa ia harus mencari istrinya di sini. Tapi apakah
that he should search his wife here But what

yang dapat ia lakukan?
it was that could he do

Dengan kekerasan pasti ia tak akan mencapai apa-apa....
With violence surely he not would achieve anything

Enggang turun dari kudanya dan menyembunyikan diri
Enggang dismounted from his horse and hid himself

sampai hari gelap. Dan ia menyusun rencana bagaimana
until (the) day (was) dark And he compiled (a) plan how

ia akan dapat membalas dendam kepada istri dan
he would be able to take back revenge onto (the) wife and

semua orang yang telah menolongnya.
all people who had helped her

Tengah malam ia menyelinap ke atas dengan
(In the) middle (of the) night he crept (to) up with

mengenakan pakaian orang desa yang sederhana. Di
wearing (the) clothes (of a) person (from the) village (that were) simple In

ikat pinggangnya ia selipkan parang besar seperti biasa
band waist he inserted (a) machete big as usually
[the belt]

dipakai oleh para penebang pohon. Tanpa terlihat oleh
used for the chopping (of a) tree Without being seen by

para penjaga ia menyelinap ke rumah peristirahatan.
the guards he slipped to (the) home
(for) resting (villa)

Bangunan itu berada di atas tiang, seperti semua
Building that was on top (of) poles like all

rumah di daerah itu. Kini mulailah pangeran Enggang
homes in area that Now started prince Enggang

menggarap tiang-tiang itu satu per satu dengan
working on poles those one by one with

parangnya. Tiap tiang ia tebang hingga tinggal selapisan
his machete Every pole he cut until rested layer

tipis. Sedemikian jauh keadaan dalam rumah tenang
thin So far (the) state in (the) house (was) quiet

saja, tidak terjadi apa-apa. Tetapi begitu seseorang
just does not happen anything But as soon as someone

terbangun, seluruh rumah akan ambruk.
wakes (the) entire home would collapse

Ketika hari mulai terang, Enggang sudah selesai dengan
When (the) day started (to become) light Enggang already (was) done with

pekerjaannya yang mengerikan itu. Ia bersembunyi di
job so horrible that He hid in

belakang sebuah semak dan menanti apa yang akan
(the) back (of) a bush and waited for what that would

terjadi.
happen

135 Burung Paruh Bertanduk

Burung-burung **terbangun** **dan** **di** **sana-sini** **ayam jantan**
(The) birds / woke up / and / in / here and there / (a) chicken male (cock)

berkokok. **Di** **rumah** **peristirahatan** **pun** **orang** **mulai**
crowed / At / (the) villa / / also / (the) people / started

bangun. **Tiba-tiba** **bangunan** **besar** **itu** **berguncang** **seperti**
to wake / All of a sudden / building / big / that / shook / like

ada **gempa** **bumi,** **dan** **rumah** **pun** **ambruk** **berderak.**
there was / (a) quake / earth / and / (the) house / also / collapsed / thundering
[earthquake]

Segala **yang** **ada** **dalam** **rumah** **terbawa** **ambruk.** **Pekik**
All / that / there was / in / (the) house / carried / taking along / Screams

mengerikan **bersahut-sahutan** **dan** **keluh-kesah** **menyeramkan**
horrible / sounded / and / wailing / dismal

berkumandang. **Kemudian** **sunyi-senyap.**
reverberated / Then / (it became) very quiet

Dengan **ketawa** **mengejek** **Enggang** **melompat** **dari** **balik**
With / (a) laugh / mocking / Enggang / jumped / from / behind

semak **dan** **berlari** **ke** **arah** **tumpukan** **puing** **rumah.**
(the) shrubs / and / ran / into / (the) direction / (of the) heap / (of) rubble / (of the) hous

Keadaan **tetap** **sunyi-senyap.**
(The) situation / still / very quiet

Kemudian   ia   naik   ke   atas   balok-balok   yang
Then   he   climbed to   (the) top (of the) planks that

tumpang-tindih,   dan   di sana   mulailah   ia   seperti   orang
overlapped   and   there   started   he   like   (a) man

kerasukan   menari-nari.
possessed   to dance

Dengan   liar   ia   berteriak-teriak   dan   mengayun-ayunkan
With   wildness he   was shouting   and   swinging

parang   besarnya   di atas   kepala.   Kemudian   terjadilah
(the) machete big   over   (the) head Then   happened
           (of) his

sesuatu   yang   mengagumkan.
something that was amazing

Pangeran   berubah   menjadi   seekor   burung   besar   dengan
(The) prince turned   into   a   bird   big   with

paruh   bertanduk: Enggang   Gading.
(a) beak horned   Enggang   Gading
                                   (Ivory)

Dengan   suara   berdesir   ia   mengepak-ngepakkan   sayapnya
With   (a) sound swishing   he   flapped   his wings

dan   tetap   memekikkan   namanya,   sambil   terbang
and   still   cried   name   while   flying

di sekitar   rumah   yang   telah   hancur   itu.
around   home   that   was   destroyed that

137 Burung Paruh Bertanduk

Tiba-tiba terlihat gerakan di antara kemelut balok dan
Suddenly (there was) visible (a) motion in between (the) tangle (of) beams and

papan. Seekor burung muncul di antara tumpukan kayu,
boards A bird appeared in (the) heap (of) wood
(from) between

mendorong papan terakhir dengan paruhnya, dan terbang
pushed away (a) board last with her beak and flying off

mengikuti Enggang. Putri Rangkong pun menjadi seekor
followed Enggang Princess Rangkong also had become a

burung: Enggang Papan.
bird Enggang Papan
(Board)

Sejak itu kedua burung itu selalu bersama terbang
Since that two birds those always together fly

menjelajahi hutan-hutan Sumatra.
exploring (the) forests (of) Sumatra

Kalau waktu mengerami tiba, Enggang Gading membawa
If (the) time (of) nesting arrives Enggang Gading brings
(Ivory)

betinanya ke sebuah pohon yang berlubang. Si betina
(the) female to a tree (that is) hollow The female

masuk, dan si jantan menerap sebuah lubang kecil,
enters and the male creates one opening small

sesudah lubang itu rapat sekali.
after hole that is closed off very well

Lewat / Through — lubang / opening — kecil / small — itu / that — ia / he — membawa / brings — makanan / food — untuk / for — si / the

betina. / female

Kini / Now — Enggang / Enggang — Gading / Gading (Ivory) — harus / should — membanting / slam [work really hard — tulang / bone] — untuk / to

dapat / be able — membawakan / to bring — si / the — betina / female — makanan / food — yang / so — lezat-lezat. / very delicious

---

Sebab / For — si / the — betina / female — sangat / very — pilih-pilih / very selective — di / in — masa / the — mengerami, / brood

dan / and — seringkali / often — terjadi / happens — ia / she — menolak / rejects — buah / fruit — yang / that is — sebagian / partially

sudah / already — memar / bruised — ranum. / overripe

Apabila / When — telur-telur / (the) eggs — sudah / (are) already — menetas, / hatched — si / the — betina / female — membebaskan / frees

diri / herself — dengan / by — menerjang / destroying — terapan / (the) barrier — dengan / with — paruhnya / her beak — yang / (that is)

perkasa. / powerful

Maka / Then — kedua / two — burung / birds — itu / those — pun / also — terbang / fly — kembali / again

bersama-sama / together — di / into — seluruh / all — hutan / (the) forests — raya. / great

Dan   sepanjang   hari   kita   dengar   pekiknya   yang
And   during   (the) day   we   hear   their cries   that are

membosankan   itu: "Enggang!   Enggang!   Enggang!"
unchanging   that   Enggang   Enggang   Enggang

142 Burung Paruh Bertanduk

TAMAT
END

143   Burung Paruh Bertanduk

The book you're now reading contains the paper or digital paper version of the powerful e-book application from Bermuda Word. Our software integrated e-books allow you to become fluent in Indonesian reading, fast and easy! Go to learn-to-read-foreign-languages.com, and get the App version of this e-book!

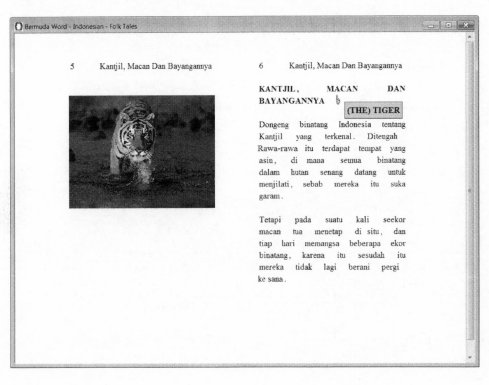

KANTJIL, MACAN DAN BAYANGANNYA (THE) TIGER

Dongeng binatang Indonesia tentang Kantjil yang terkenal. Ditengah Rawa-rawa itu terdapat tempat yang asin, di mana semua binatang dalam hutan senang datang untuk menjilati, sebab mereka itu suka garam.

Tetapi pada suatu kali seekor macan tua menetap di situ, dan tiap hari memangsa beberapa ekor binatang, karena itu sesudah itu mereka tidak lagi berani pergi ke sana.

The standalone e-reader software contains the e-book text, and integrates **spaced repetition word practice** for **optimal language learning**. Choose your font type or size and read as you would with a regular e-reader. Stay immersed with **interlinear** or **immediate mouse-over pop-up translation** and click on difficult words to **add them to your wordlist**. The software knows which words are low frequency and need more practice.

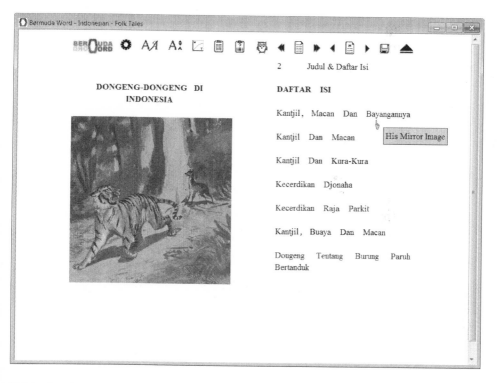

With the Bermuda Word e-book program you **memorize all words** fast and easy just by reading and efficient practice!

Made in the USA
Lexington, KY
04 April 2017